■ Service

Kuba von A–Z 122

Alle wichtigen reisepraktischen Informationen – von der Anreise über Notrufnummern bis hin zu den Zollbestimmungen.

Zu diesen Orten und Sehenswürdigkeiten finden Sie Detailkarten im Innenteil des Reiseführers.

Umschlag:

 ADAC Top Tipps: Vordere Umschlagklappe, innen ❶

 ADAC Empfehlungen: Hintere Umschlagklappe, innen ❷

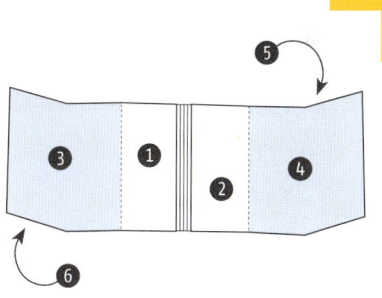

Übersichtskarte Kuba West: Vordere Umschlagklappe, innen ❸
Übersichtskarte Kuba Ost: Hintere Umschlagklappe, innen ❹

Stadtplan Havanna: Hintere Umschlagklappe, außen ❺
Ein Tag in Havanna: Vordere Umschlagklappe, außen ❻

W0180486

Kultureller Hotspot im Karibikparadies

Der »grüne Kaiman« der Antillen – eine Insel voller reizvoller Widersprüche

Eine Stadt, die seit jeher Sehnsüchte weckt: Kubas Hauptstadt Havanna

Bei der Weltausstellung in New York im Jahr 1938 sorgte der kubanische Beitrag für Erstaunen. Wie gebannt betrachteten die Besucher ein großformatiges Gemälde von Domingo Ramos, das fremdartige üppig grüne Landschaften zeigte. Die überbordende Natur schien komplett der Fantasie des Malers entsprungen zu sein: ein Flickenteppich unterschiedlichster Farben, einge-rahmt von kegelförmigen Bergen und gespickt mit strohgedeckten Holzhäusern und Königspalmen. Das romantische Bild von der grünen Karibikperle faszinierte die Menschen, und daran hat sich bis heute wenig geändert.

Ein Mythos erobert die Welt

Die Anziehungskraft Kubas, der Traum von der tropischen Insel, umgeben von türkisblauen Gewässern, ist so alt wie die Entdeckungsgeschichte der Neuen Welt. Seeleute brachten schon kurz nach den Fahrten des Kolumbus Geschichten von geheimnisvollen Schatzinseln und exotische Souvenirs mit in die Heimat. In den »Habaneras« besangen sie ihre Sehnsucht nach dem fernen Land unter Palmen. Viel später bannten Ernest Hemingways

Ikonen der Revolution zieren noch heute Hauswände und Studentenbuden weltweit, und es gab Zeiten, da warf man ihnen Blumen zu, während sie eine utopische Gesellschaft predigten. Später gingen Bilder von Kubanern um die Welt, die sich dem Meer anvertrauen, um dem Regime eines Machthabers zu entfliehen, der über Jahre Dutzenden Attentaten trotzte.

Exotisches Sehnsuchtsziel – die Zuckerinsel lässt niemanden kalt

Die Insel wird ihrem Ruf als Tropenparadies mit einzigartiger und widersprüchlicher Kultur vollends gerecht.

Insel mit einzigartiger Kunst- und Kulturszene: Wandbild im Viñales-Tal (unten) – Straßenmusiker in Trinidad (ganz unten)

Geschichten von alten Männern, die in den kubanischen Gewässern mit einer gnadenlosen Natur ums Überleben kämpfen, Generationen von Lesern. Barmixer exportierten mit ihren Mojitos, Piña Coladas, Daiquiris und Cuba Libres ein Stück kubanisches Lebensgefühl in die weite Welt, ebenso wie Son und Salsa, Mambo und Cha-Cha-Cha die Bühnen und Tanzflächen rund um den Globus eroberten.

Isla de la Juventud: traumhafte Sandstrände (oben) – Hemingways Stammkneipe: Bodeguita del Medio (Mitte) – Ein Fest für die Sinne: Havanna (unten)

radero hat es die wichtigste Badedestination im karibischen Raum zu bieten. Andererseits warten immer noch einsame Traumstrände und Robinson-Crusoe-Inseln auf ihre Entdeckung. Naturparadiese vor der Küste und in den Bergregionen bewahren die letzten ursprünglichen Lebensräume der Antillen. Und während endlose Weiten im Landesinneren Einsiedlerromantik schüren, lockt mit Havanna eine der aufregendsten Metropolen der Welt. Weitere restaurierte Altstädte lassen die Vergangenheit des Landes lebendig werden.

Pionier des modernen Tourismus

Kubas enormes touristisches Potenzial blieb nicht lang vor der Welt verborgen. Ab Mitte des 20. Jh. finanzierten nordamerikanische Mafiosi den Auf-

Als Ergebnis der vielen konträr verlaufenden Kapitel in Kubas Geschichte verfügt das Land heute über ein vielfältiges touristisches Angebot: Mit Va-

bau einer modernen touristischen Infrastruktur mit den ersten Luxushotels in der Karibik, etwa im Strandparadies Varadero. Die Insel wurde zu einer Spielhölle für jährlich 180 000 US-amerikanische Urlauber. Die Revolution setzte dieser Entwicklung ein jähes Ende. Erst später, in den 1980er-Jahren, entdeckte die Führung des Landes den Tourismus als willkommene Einnahmequelle. Pauschaltouristen genießen heute Traumurlaub aus dem Katalog in einem der vielen All-inclusive-Resorts, etwa auf Cayo Coco, meist ohne viel vom Rest des Landes und seinen erstaunlichen Eigenarten mitzubekommen.

Kosmopolitisch und kulturell introvertiert zugleich

Trotz seiner geringen Größe und der für lateinamerikanische Verhältnisse relativ kleinen Einwohnerzahl genießt Kuba international viel Aufmerksamkeit. Die größte Insel der Antillen erstreckt sich über eine Länge von 1250 km, misst aber an ihrer schmalsten Stelle gerade einmal 31 km. Je nachdem von welchem Standpunkt aus man das Land betrachtet, erscheint es wie eine stolze Nation oder wie ein isoliertes Eiland. Der krasse Gegensatz zwischen den urbanen Zentren einer kosmopolitischen Drehscheibe und dem provinziellen Landesinneren mit seinen »guajiros« prägen die Insel seit jeher. Während in Clubs, Theatern und Cabarets dem Kulturleben internationaler Metropolen nachgeeifert wurde, gingen aus der Folklore isolierter Bauern tief im Oriente einige der größten musikalischen Exportschlager des Landes hervor. Auf dem Höhepunkt seiner wirtschaftlichen Expansion im 19. Jh. kam etwa die Hälfte der Bevölkerung aus Afrika

Wasserfälle wie El Nicho sorgen im Landesinneren für Abkühlung

oder hatte direkte afrikanische Vorfahren. Während in anderen Teilen der westlichen Hemisphäre über die Abschaffung der Sklaverei diskutiert wurde, war Kuba wichtigster Schauplatz des letzten Kapitels des atlantischen Dreieckshandels.

> **Ich bin ein aufrichtiger Mann, von dort her, wo die Palmen wachsen.**
>
> José Martí, Nationaldichter

So ist kein anderes spanischsprachiges Land derart stark von afrikanischen Traditionen geprägt. Dies offenbart sich insbesondere im tief verwurzelten Volksglauben und in bunten Festen wie dem Karneval in Santiago de Cuba und Havanna.

Zwischen sozialistischer Utopie und kapitalistischer Wirklichkeit

Seine heutige Anders- und Fremdartigkeit hat das Land zum großen Teil dem Festhalten der politischen Führung an sozialistischen Idealen zu verdanken. Umgeben von einem liberalen Weltmarkt wurde das Regime nach dem Zusammenbruch des befreundeten Ostblocks jedoch zu vielen Kompromissen gezwungen. Heute führen privates Unternehmertum und planwirtschaftliche Staatsbetriebe eine seltsame Koexistenz. Sozialistische Großbetriebe schicken z.T. noch wie vor Jahrhunderten mit Macheten bewaffnete Schnitter zur Ernte in die endlosen Zuckerrohrfelder. Andernorts widmen sich kleinbäuerliche Privatbetriebe liebevoll ihren Tabakpflanzungen. Trotz jahrzehntelanger

Riesige Karstfelsen erheben sich über dem sattgrünen Valle de Viñales

Isolation und Kollektivierung hat die Insel ein höchst kreatives privates Unternehmertum hervorgebracht. Kritische Künstler auf der Suche nach neuen Perspektiven produzieren nicht zuletzt dank ihrer fundierten Ausbildung an staatlichen Instituten Kunstwerke von Weltrang.

Wer heute durch Kuba reist, wird schnell merken, dass sich die Insel den Regeln einer streng eingetakteten, hochspezialisierten modernen Gesellschaft entzieht. Die Gelassenheit und spontane Begeisterungsfähigkeit der stark in der Gegenwart verorteten Bewohner sind ansteckend. Mit dem Betreten kubanischen Bodens gehen Besucher quasi offline und lassen den alltäglichen Überfluss an ständig verfügbaren Informationen, Waren und Dienstleistungen hinter sich.

Hauptstadt Havanna
Sprache Spanisch
Währung Peso Cubano und Peso Convertible
Staatsform / Regierungssystem Republik mit sozialistischem Einparteiensystem
Fläche 109 884 km², in etwa so groß wie die neuen Bundesländer
Einwohner 11,2 Mio.
Tourismus ca. 4 Mio. Gäste pro Jahr
Religion Atheismus, afro-katholische Volksreligionen, Katholizismus
Küstenlinie 5000 km; der Archipel umfasst 4000 Inseln mit 300 Stränden
Zahl der Pkw mit Baujahr vor 1960 40 000–75 000, nur 1 % der Bevölkerung hat ein eigenes Auto
Analphabetenrate 1,9 %

Darin sind Kubaner Weltmeister
Die kubanische Auswahl ist Abo-Goldmedaillengewinner beim olympischen Baseballturnier

Kubas Exportschlager Mit 20 000 Ärzten entsendet Kuba mehr medizinisches Personal in Entwicklungsländer als alle G7-Staaten zusammengerechnet

Nationalheld José Martí, Poet und Unabhängigkeitskämpfer

Das will ich erleben

Vom Aktivurlaub bis zur Kulturreise – Kuba lässt sich auf vielfältige Art und Weise erleben. Karibische Metropolen, leichtfüßige Folklore, Perlen kolonialer Architektur, endlose Strände und wilde Natur machen die Insel zum vielseitigen Reiseziel, das für jeden Geschmack das Passende bereithält. Hinzu kommt, dass Kuba ganzjährig mit einem milden Klima gesegnet ist, das Erholung im Freien zu jeder Jahreszeit ermöglicht. Und wer beim intensiven Sightseeing unter der Tropensonne doch einmal ins Schwitzen gerät, für den bieten sich reichlich Gelegenheiten zur Entschleunigung bei kühlen Drinks.

Unberührte Karibik

Anders als auf vielen Nachbarinseln, wo jeder Meter Strand bebaut ist und in jeder Bucht eine Jacht ankert, gibt es auf Kuba noch ungestörte Naturparadiese. Die endlosen Mangroven, Sümpfe und Regenwälder bergen längst verloren geglaubte Schätze von Flora und Fauna.

Badeparadiese

Bei 300, z.T. kilometerlangen Stränden ist für jeden Geschmack die passende Badegelegenheit dabei. Zahlreiche natürliche Schwimmbecken im ganzen Land, deren glasklares Wasser an gewaltige Poolanlagen erinnert, sorgen zusätzlich für Erfrischung.

Authentische Souvenirs

Im Land des ständigen Mangels sind Shoppingtouren ein Fremdwort. Das bedeutet jedoch keinesfalls, das Souvenirjäger hier nicht auf ihre Kosten kommen und originelle Mitbringsel aufspüren können.

Kreolische Gaumenfreuden

Küchenchefs im ganzen Land zaubern landestypische Gerichte auf die Teller, von herzhaften Grillgerichten wie Spanferkel (»ajiaco«) bis zu schmackhaften Meeresfrüchten – von einfach bis raffiniert. Das milde Klima erlaubt es, ganzjährig unter freiem Himmel zu speisen.

Kubanische Geschichte zum Anfassen

Mit der Revolution unter Führung von Fidel Castro rückte die ehemalige Bananenrepublik ins Zentrum des Weltgeschehens. Geschichtsinteressierte Entdecker erwarten spannende Anekdoten um schillernde Persönlichkeiten.

Schwingende Hüften und flotte Sohlen

Die Kubaner haben Rhythmus im Blut. Wie in einem Schmelztiegel werden verschiedene Musik- und Tanzstile zu immer neuen Kreationen vereint.

Kubas afrikanische Wurzeln

Das dunkle Kapitel der Sklavenhaltung hat in Kuba tiefe Spuren hinterlassen. Die Nachfahren der einst hierher verschleppten Afrikaner prägen die kubanische Gesellschaft mehr als jede andere Einwanderergruppe.

Koloniale Pracht

Kubas Aristokratie ließ im Lauf der Kolonialzeit beeindruckende Baudenkmäler, Kunst und edles Mobiliar anfertigen, um in den tropischen Gefilden das Leben genießen zu können. Vieles davon ist heute noch erhalten.

Hemingways Spuren

Der Literaturnobelpreisträger hat im Land zahlreiche Spuren hinterlassen. In Havanna schrieb er an seinem Erfolgsroman »Wem die Stunde schlägt«, und ein Fischer aus Cojímar inspirierte ihn zu »Der alte Mann und das Meer«. Wie sehr seine Werke auch autobiografisch geprägt sind, wird Kennern beim Besuch seiner Lieblingsorte auf Kuba offenbar.

Tropische Gartenparadiese

Seine Lage am Rand der Tropen macht Kuba zum idealen Lebensraum für exotische Pflanzen. In prächtigen Gärten gedeihen neben heimischer Flora auch Gewächse aus Afrika, Asien und Australien.

Bunte Unterwasserwelten

Die klaren und fischreichen Gewässer vor der Küste zählen zu den weltbesten Tauchrevieren. An mehr als 500 Spots zeigt sich die Unterwasserwelt nahezu unberührt.

Unterwegs

Gemächlich geht es zu in Trinidads Zentrum mit seinen attraktiven Kolonialbauten und Kopfsteinpflastergassen – und über allem wacht der Glockenturm des Convento San Francisco

Havanna und Umgebung

Die weit im Westen der Insel gelegene Metropolregion ist das unbestrittene politische und kulturelle Zentrum Kubas

Havanna – der Name klingt in den Ohren Vieler wie eine Chiffre für Exotik und Lebensfreude. Seit dem Jahr 2019 gehört Havanna zum erlesenen Kreis jener Städte in der westlichen Hemisphäre, die auf eine 500-jährige Geschichte zurückblicken können. Und das reiche historische Erbe der Stadt wird heute kreativ in Szene gesetzt: Havanna gilt nicht umsonst als eine der größten und besterhaltenen kolonialen Altstädte Amerikas, die auch von der UNESCO als Weltkulturerbe gelistet wird. Die Stadt ist ein gelungenes Beispiel für die Verknüpfung von Vergangenheit und Gegenwart: Auf Schritt und Tritt begegnen Besucher den Hinterlassenschaften unterschiedlichster Epochen, während eine aktive Kunst- und Musikszene, Laienarchitektur und Feierabendköche von der Kreativität der Bewohner zeugen. In der näheren Umgebung der 2,2 Mio. Einwohner zählenden Metropole bieten sich die Playas del Este und ehemalige Landsitze im Grünen für Ausflüge an.

In diesem Kapitel:

ADAC Top Tipps:

 Havanna
| Stadtbild |
Das pulsierende Herz einer der aufregendsten Städte der Welt gleicht einem Freiluftmuseum für Architektur, das von seinen Bewohnern mit Leben erfüllt wird und sich auf vielfältige Weise erschließen lässt. 18

ADAC Empfehlungen:

 Catedral, Havanna
| Kathedrale |
Das schönste Beispiel kubanischen Kolonialbarocks fügt sich nahtlos in ein barockes Platzensemble ein. 23

Plaza Vieja, Havanna
| Platz |
Der Platz an der Nahtstelle zwischen restauriertem und unberührtem Teil der Altstadt lädt mit einem bunten Mix architektonischer Stile sowie Bars und Cafés zum Verweilen ein. 24

Malecón, Havanna
| Promenade |
Nicht nur die fantastischen Sonnenuntergänge über dem Meer begründen den Mythos vom Wohnzimmer der Habaneros. 27

Museo Nacional de Bellas Artes (Arte Cubano), Havanna
| Museum |
Das sehenswerte Museum vermittelt auch weniger an Kunst Interessierten authentische Eindrücke von vergangenen Epochen und eignet sich gut zum ersten Kennenlernen des Landes und seiner Traditionen. 28

La Guarida, Havanna
| Restaurant |
Der im Herzen der bröckelnden Altstadt gelegene atmosphärische Drehort des international prämierten Kinoklassikers »Erdbeer und Schokolade« beherbergt eines der ältesten und besten Privatrestaurants im ganzen Land. 31

Cementerio Colón, Havanna
| Friedhof |
In den einfallsreich gestalteten Grabstätten des parkartig angelegten Friedhofs ruhen die Gebeine einiger der wichtigsten Persönlichkeiten der kubanischen Geschichte. 33

1 Havanna

Pulsierendes Herz Kubas mit reichem kolonialen Erbe

![Stadtbild mit Oldtimer-Taxis]

Noch immer nicht wegzudenken aus Havannas Stadtbild: klapprige Oldtimer-Taxis

ℹ Information

■ Infotur, Obispo No. 524, Tel. 78 66 33 33, und Obispo esq. San Ignacio, 11100 Havanna, Tel. 78 63 68 84; www.lahabana.travel

■ Parken: siehe S. 25, 30, 34

 Aufregende Kulturmetropole mit vielen Gesichtern

Der Schlüssel im Stadtwappen erinnert noch heute an die einstige Bedeutung Havannas als Tor zur »Neuen Welt«. In der kosmopolitischen Hafenstadt machten die mit den Schätzen Amerikas beladenen Galeonen Station, hier liefen die Ströme eines internationalen Handelsgeflechts zusammen. Dank seiner Lage an einer geschützten Bucht entwickelte sich Havanna bald zum wichtigsten Handels- und Militärstützpunkt des riesigen spanischen Kolonialreichs. Innerhalb der erst 1863 abgerissenen Stadtmauern, von denen noch immer Teile zu sehen sind, lebte zeitweilig die Hälfte der Bevölkerung der Insel. Die gut betuchte Elite baute sich Villen vor den Toren der Stadt und vermietete die frei gewordenen trutzigen Adelspaläste in der Innenstadt als Massenunterkünfte an die herbeiströmenden Heere ehemaliger Sklaven und Einwanderer. Auf dem Höhepunkt des

Plan
S. 20/21

der immer noch in Betrieb befind-lichen technischen Ausstattung ist heute reif fürs Museum.

Casco Historico – Kolonialer Stadtkern

Nahezu vollständig erhaltener kolonialer Stadtkern im Stil eines Freiluftmuseums

Die Abrisspläne für die koloniale Alt-stadt lagen schon in der Schublade bereit. Sie sollte einem modernen Casi-no- und Hotelkomplex im Las-Vegas-Stil weichen. Die kubanische Revolu-tion kam dazwischen, und statt den ausländischen Investoren wurde das Stadtzentrum seinen Bewohnern über-geben: Wer 20 Jahre lang seine Miete bezahlte, wurde Eigentümer. Wer heute durch die Gassen der historischen Alt-stadt schlendert, begegnet auf Schritt und Tritt restaurierten Kleinoden, bron-zenen Skulpturen und Informationsta-feln sowie anderen liebevoll in Szene gesetzten Details aus der Vergangen-heit der Stadt. Eingestürzte Gebäude wurden restauriert oder in kleine Parks verwandelt, ausgemusterte Schiffska-nonen als Poller aufgestellt. Viele Ge-schäfte wirken auf den ersten Blick wie Museen. Doch eine frische und leben-dige Kreativszene haucht der Sterilität des Museumsdorfs Leben ein.

 Sehenswert

 Plaza de Armas
| Architektur |
Der älteste Platz der Stadt ist ein gu-tes Beispiel für die verschiedenen Ar-chitekturstile im kolonialen Havanna.

Zuckerbooms erhielt die Stadt ein großstädtisches Gesicht: Monumenta-le Plätze wurden angelegt und mittels Tunneln und Brücken Wohngebiete in der Peripherie erschlossen. Havanna gilt daher heute als eine der größten und besterhaltenen kolonialen Alt-städte Amerikas, die 1982 zu Recht zum Weltkulturerbe erklärt wurde.
Später verwandelten US-amerikani-sche Mafiosi die Stadt in ein Ziel des aufkommenden Massentourismus, mit Hotels, Casinos und Vergnügungstem-peln. Die zunehmende ökonomische Misere ab Ende des 20. Jh. führte zum Verfall der einst modernsten Infra-struktur Lateinamerikas. Ein Großteil

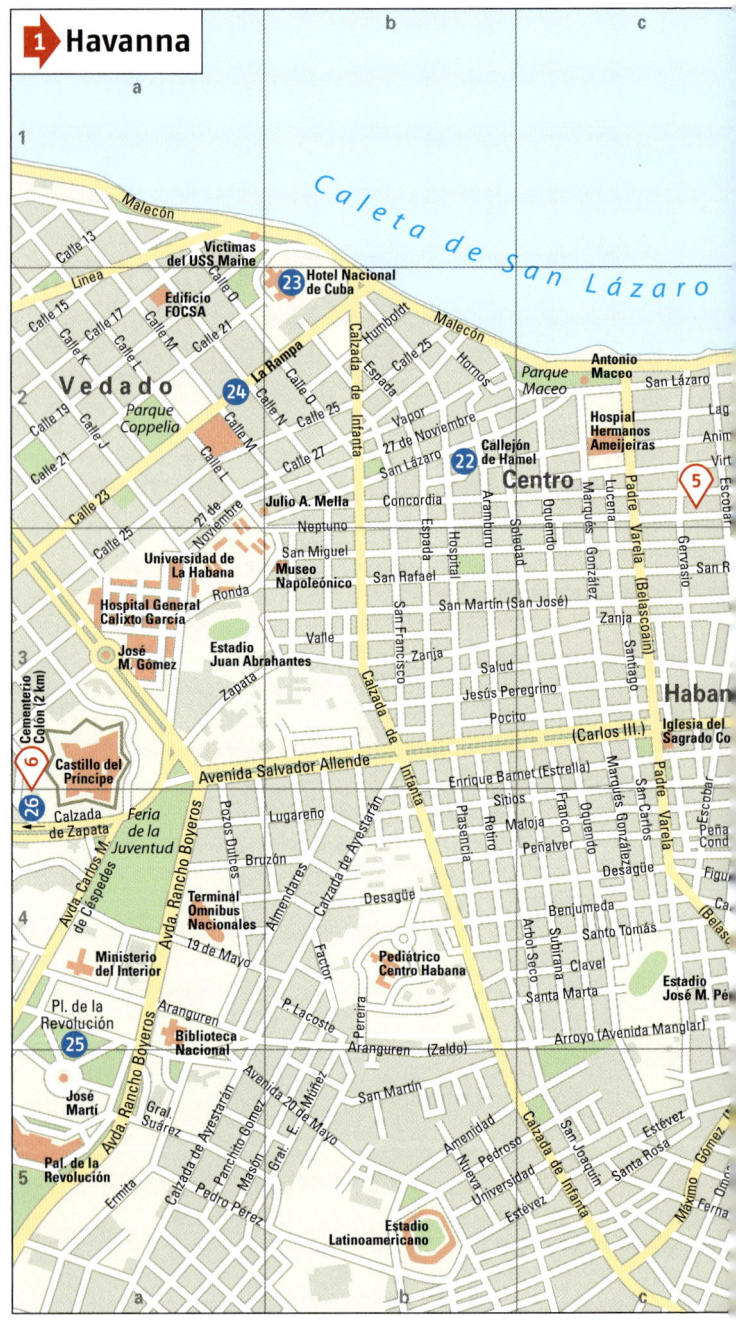

ADAC *Mobil*

> Vorsicht in öffentlichen Verkehrs-
> mitteln: Die städtischen Busse sind
> unzuverlässig, überfüllt und wim-
> meln von Taschendieben. Für die
> erfolgreiche Nutzung der günsti-
> gen Oldtimer-Sammeltaxis
> braucht man sehr gute Spanisch-
> und noch bessere Ortskenntnisse.
> Besser für Touristen geeignet sind
> die Busse von **Habana Bus Tour**,
> die von 9–18 Uhr für 10 bzw.
> 5 CUC zwischen dem Parque Cent-
> ral und dem Stadtteil Miramar
> bzw. Playas del Este verkehren.
> Zwischenzeitliche Aus- und Zu-
> stiege sind erlaubt. Noch günsti-
> ger ist der **Touristenzug**, der für
> 1 CUC entlang des Malecóns zwi-
> schen Plaza San Francisco und
> Avenida Paseo verkehrt.

Als Baumaterial diente Muschelkalk vom nahen Ufer des Meeres, dessen Bewohner in versteinerter Form zu sehen sind. Hinter dem Ableger des Kapokbaums, unter dem 1519 die Gründungsmesse der Stadt abgehalten wurde, steht mit El Templete eines der ersten im klassizistischen Stil erbauten Gebäude des Landes. Der 1828 fertiggestellte Bau war ein Jahrhundert lang stilprägend für die in Kuba errichteten öffentlichen Gebäude.

■ El Templete, tgl. 9–17 Uhr, 2 CUC

2 Castillo de la Real Fuerza
| Festung |

Die Ursprünge der zweitältesten von Spaniern in der Neuen Welt errichteten Festung gehen zurück auf das Jahr 1556. Heute befindet sich in dem Gemäuer ein Schifffahrtsmuseum. Eine Replika der berühmten Giraldilla-Statue grüßt vom westlichen Turm. Ihre Silhouette ist Havannas Markenzeichen und prangt auf jeder Flasche Havana Club.

■ Pl. de Armas, Di–So 9.30–17 Uhr, 3 CUC

3 Palacio del Segundo Cabo
| Museum |

Das Gebäude wurde 1770 als Zentrale für die Abwicklung des Postverkehrs zwischen Spanien und seinen amerikanischen Kolonien geplant und trug maßgeblich zum Erscheinungsbild des barocken Gebäudeensembles bei, zu dem auch der sieben Jahre später begonnene Palacio de los Capitanes Generales gehört. Im ehemaligen Sitz von Vizegouverneur, Senat und Oberstem Gerichtshof befindet sich seit 2017 das wahrscheinlich modernste Museum des Landes, welches mittels neuer Technologien und interaktiver Didaktik verschiedene Aspekte der Landeskultur vermittelt.

■ O'Reilly No. 4, www.segundocabo. ohc.cu, Di–Sa 9.30–17, So 9.30–13 Uhr, 5 CUC

4 Palacio de los Capitanes Generales
| Museum |

Das Museo de la Ciudad gibt Einblick in die luxuriösen Lebensbedingungen der Machthaber während der Kolonialzeit. Die obersten Vertreter der spanischen Krone ließen sogar die davor verlaufende Straße mit Hartholz pflastern, um den Krach der Kutschen zu dämpfen. Die Sala de las Banderas beschäftigt sich mit den Unabhängigkeitskriegen, während im Erdgeschoss der zuvor an diesem Platz befindliche Bau der Hauptkirche thematisiert wird.

■ Tacón No. 1, Di–Sa 9.30–17, So 9.30–14 Uhr, 5 CUC

⑤ Catedral
| Kathedrale |

① *Paradebeispiel des kubanischen Barocks und Weltkulturerbe*

Die herrliche, 1777 fertiggestellte Fassade mit zwei ungleichen Türmen und abgestuften Gesimsen soll der Schriftsteller Alejo Carpentier bereits als »zu Stein gewordene Musik« bezeichnet haben. Mit der harmonischen Gestaltung der umstehenden Gebäude bietet sie einen echten architektonischen Leckerbissen. Der Innenraum des Baus, der seit 1992 als Weltkulturerbe gelistet wird, zeigt sich dagegen eher schlicht. Sehenswert sind das klassizistische Chorgestühl und der Hauptaltar, in dem von 1795 bis zur Unabhängigkeit des Landes die Gebeine von Christoph Kolumbus aufbewahrt wurden.

■ Pl. de la Catedral, Mo–Fr 9–16, Sa 9–12, Messe So 10 Uhr, Turmbesteigung 1 CUC

⑥ Bodeguita del Medio
| Kultkneipe |

Die häufig von Touristenscharen belagerte Stammkneipe Ernest Hemingways feiert sich selbst als »Wiege des Mojito«. Zeitweilig wurde der Laden in der Mitte des Häuserblocks zum zweiten Zuhause des Autors, der an manchen Tagen Dutzende seiner Lieblingsdrinks hier wegschlürfte.

■ Empedrado No. 207, tgl. 11–23 Uhr

⑦ Hotel Ambos Mundos
| Aussichtspunkt |

Ein antiker Fahrstuhl führt auf die Dachterrasse des Hotels, die eine Bar und ein überwältigendes Panorama

Gefällt Ihnen das?

Wenn Sie Gefallen an der Dachterrasse im Ambus Mundos gefunden haben, sollten Sie auch hier vorbeischauen: Einige der schönsten Ausblicke über die Stadt bieten die **Azucar Lounge** an der Plaza Vieja direkt über dem Café El Escorial (S. 25), das **Hotel Saratoga** (S. 29, Prado esq. Dragones) und das **Hotel Parque Central** (S. 39).

über die Altstadt bietet. Das 1931 bis 1939 von Ernest Hemingway bewohnte Zimmer 511 wurde seit dessen Auszug nicht verändert und kann besichtigt werden (Mo–Sa 10–17 Uhr, 5 CUC).

■ Obispo esq. Mercaderes

8 Calle Mercaderes
| Straßenzug |

Zahlreiche Museumsgeschäfte säumen die ehemalige »Straße der Händler«. Das Museo de Chocolate (No. 255) hüllt die gesamte angrenzende Kreuzung in Kakaoduft. Das Restaurant La Imprenta (No. 208) erinnert mit seinen alten Druckerpressen an das ehemalige Zeitungsviertel. Die Armeria 9 de Abril zeigt ein historisches Waffengeschäft, und in der Parfümerie 1791 (No. 156) dürfen sich Kunden ihr Parfum selbst zusammenmischen.

9 Plaza Vieja
| Platz |

 Meisterwerk der Restaurationskunst in der Altstadt

Der in den Abendstunden sehr lebhafte ehemalige Handelsplatz zeichnet sich durch eine herrlich restaurierte koloniale Wohnbebauung aus. Kleine Cafés wie das Café El Escorial (S. 25)

laden zum Verweilen ein. Die Dachterrasse des Edificio Gomez Vila und die hier befindliche Camera Oscura, eine interessante Mischung aus Stadtmodell und Stadtführung, erlauben ungewohnte Perspektiven auf die Altstadt. Die Calle Brasil führt direkt zum Capitolio und vorbei an der Farmacia La Reunión (No. 261), deren Edelholzvitrinen mit viel Originalinterieur bestückt sind. Nur ein paar Straßen in südlicher Richtung lässt sich ein Blick auf die unsanierte Altstadt werfen.

■ Edificio Gomez Vila mit Camera Oscura, Di–So 9.30–17 Uhr, 2 CUC

10 Plaza San Francisco
| Platz |

Am einstigen Marktplatz, an dem heute die Kreuzfahrtschiffe anlegen, erhebt sich das 1909 im Renaissancestil erbaute Gebäude der Lonja de Comercio, die ehemalige Börse. Seinen Namen erhielt der Platz, dessen Mitte ein Löwenbrunnen ziert, von dem einstigen, 1563 gegründeten Franziskanerkonvent San Fransisco de Asis. Dessen Klosterkirche mit dem 42 m hohen Turm (Besteigung möglich, 2 CUC) erhielt ihre heutige Gestalt im Laufe des 18. Jh. Im dahinter liegenden Garten der Mutter Teresa versteckt ist eine kleine griechisch-orthodoxe Kirche.

■ Kirche, tgl. 9–17 Uhr

11 Alameda de Paula
| Hafenpromenade |

Nachdem 2014 der Container-Terminal im 40 km entfernten Mariel eröffnet wurde, erfolgte die Umgestaltung des heruntergekommenen Hafenviertels zu einem grünen Boulevard samt schwimmendem Pier. Am nördlichen Ende hinter dem Fähranleger Muelle Luz glänzen die Kuppeln der Russisch-

Bollwerk zum Schutz vor Piratenangriffen: Castillo de la Real Fuerza

Orthodoxen Kirche (tgl. 9–16, Messe 10 Uhr). Das Museo del Ron Habana Club erläutert u. a. anhand einer Modelleisenbahnanlage den Prozess der Rumherstellung.

■ Museo del Ron Habana Club, Av. del Puerto No. 162, tgl. 9.30–17 Uhr

 Parken

Im Parque Maestranza (Plan S. 23, a1) an der Verlängerung des Malecón im Bereich der Avenida del Puerto finden Sie einige bewachte Parkmöglichkeiten.

 Restaurants

€€ | **Doña Eutimia** Gleich neben der Kathedrale in einer Sackgasse gelegenes Restaurant mit feinster kreolischer Küche zu guten Preisen. Der Mojito-Frappé ist übrigens preisge-krönt. ■ Chorro No. 60C, Tel. 78 61 13 32, tgl. 12–23.30 Uhr, Plan S. 23 b2

€€ | **La Taberna del Pescador** Auch wenn der Besitzer heute nicht mehr als Apnoe-Taucher persönlich die Zutaten aus den Tiefen des Meeres fischt, verfügt die Küche des urigen Lokals über ein reichhaltiges Angebot an Fangfrischem aus dem Meer. ■ San Ignacio No. 260A e/ Amargura y Lamparilla, tgl. 11–23 Uhr, Plan S. 23 b4

 Cafés

Café El Escorial Die etwas museal wirkende Kaffeerösterei verkauft frisch duftenden Kaffee, solange der Vorrat reicht. Die verschiedenen Kaffeespezialitäten und Kuchen können schon morgens im schattigen Außenbereich mit Blick auf die Plaza Vieja genossen werden. ■ Mercaderes esq. Muralla, tgl. 9–22 Uhr, Plan S. 20/21 f3

Havannas Plaza Vieja ist gesäumt von restaurierten Architekturperlen

Einkaufen

Feria de la ACA Qualitativ hochwertiges Kunsthandwerk von täglich wechselnden, z. T. international prämierten Ausstellern. Wer mehr Auswahl sucht, wird beim Mercado de San José (Desamparados esq. Cuba) fündig. ■ Obispo No. 407, Plan 20/21 e2

Piscolabis Kubanische Designer sind Meister darin, das Profane mit dem Ästhetischen zu verbinden. In der Mangelgesellschaft kamen sie auf die Idee, Gebrauchsgegenstände aus Recyclingmaterial herzustellen. Hier wird diese Praxis zur Kunst verfeinert. Kleine Cafeteria. ■ San Ignacio No. 75, www.piscolabishabana.com, tgl. 9.30–19.30 Uhr, Plan S. 20/21 b1

Kneipen, Bars und Clubs

O´Reilly 304 Hippe und stets gut gefüllte Tapas-Bar, die eindrucksvoll die kulinarische Innovationsfähigkeit Havannas demonstriert. ■ O'Reilly No. 304 e/Habana y Aguiar, Plan S. 20/21 a3

Kinder

Palacio Segundo Cabo Das Museum (S. 22) verfügt über diverse interaktive Displays mit kindergerechten Informationen und Spielen. Kinder unter 12 Jahren haben freien Eintritt.

Centro Habana – Altstädtisches Zentrum

Das pulsierende Herz von Kubas Metropole zeigt sich noch unverfälscht

An keinem anderen Ort Kubas gibt es eine vergleichbare Skyline und mit so krassen Gegensätzen zu sehen. Das wirtschaftliche Auf und Ab nach der Erlangung der Unabhängigkeit des Landes hat nirgendwo sonst so deutliche Spuren hinterlassen. Jenseits des

Capitolio beweist die Stadt viel Herz. Die allseits sichtbare Schmuddel-Patina, die sich über die hübschen Gründerzeitbauten gelegt hat, lernt der Betrachter mit der Zeit auszublenden. Stattdessen schärft sich der Blick für die typischen Straßenszenen, die an das Leben intakter Dorfgemeinschaften erinnern, wo sich Bewohner aller Altersklassen auf der Straße begegnen.

 Sehenswert

 Malecón
| Promenade |

 Die 8 km lange Flaniermeile ist ein Wahrzeichen der Stadt

Der verkehrsreiche Platz um das Monumento Maximo Gómez ist die Zufahrt zum 1958 fertiggestellten Tunel de la Bahía de la Habana nach Habana del Este. Zwischen der an der Hafeneinfahrt gelegenen Festung San Salvador de La Punta und der neokolonialen Fassade der Spanischen Botschaft von 1912 beginnt die im Volksmund als »Sofa der Habaneros« oder auch »Theke der Armen« genannte sechsspurige Meile Malecón. Dieser Galerie ruinöser Häuser ist anzusehen, wie sehr die Bausubstanz unter dem Einfluss von Wind und Salzwasser leidet. Man sagt, dass die Bewohner mehrmals wöchentlich die Fenster von einer Salzschicht befreien müssen, um den Meerblick genießen zu können.

nen. Viele Einwohner der Stadt finden sich in den Abendstunden am Malecón ein, wenn die Kaimauer von Anglern wimmelt.

13 **Paseo del Prado**
| Promenade |

Der mit Lorbeerbäumen bepflanzte Boulevard, auch Paseo de Martí genannt, wurde 1772 nach dem Vorbild Madrids als Flaniermeile vor den Toren der Stadt angelegt. Die gemütlichen Bänke aus Korallenfels laden zum Verweilen ein. Die im neomaurischen Stil gekachelte Fassade des 1908 erbauten Hotel Sevilla (Trocadero No. 55) lohnt einen kleinen Abstecher.

14 **Museo de la Revolución**
| Museum |

Der 1920 fertiggestellte Präsidentenpalast beherbergt heute das etwas ungeordnet wirkende Museum, das den Verlauf der Revolution vom Sturm auf die Moncada-Kaserne bis zur Alphabetisierungskampagne illustriert. Im Memorial Granma ist die gleichnamige Jacht ausgestellt, mit der 82 Revolutionäre von Mexiko nach Kuba gelangten. Sehenswert sind die zu Panzern umgebauten Traktoren sowie ein Triebwerk des während der Raketenkrise abgeschossenen Spionageflugzeugs U2. Vor dem Eingang des Museums ist ein Wachturm der Stadtmauer von 1680 erhalten.

■ Refugio e/ Agramonte y Misiones, tgl. 9–16 Uhr, 8 CUC

15 **Plazuela del Angel**
| Platz |

Das von Cafés umgebene, lauschige Plätzchen ist einer der hübschesten in der gesamten Altstadt. Die Kirche Santo Angel del Custodio ist eine kleine

ADAC *Wussten Sie schon?*

Der Malecón war 1958 Austragungsort eines **Formel-1-Rennens**, des Zweiten Großen Preises von Kuba, an dem 32 Teams wie Ferrari, Porsche, Jaguar und Maserati teilnahmen.

ADAC *Wussten Sie schon?*

Nicht »Onkel Toms Hütte«, sondern die kleine Kirche Santo Angel del Custodio war der Schauplatz des ersten Sklavenromans der Literaturgeschichte. Das 1839 vom kubanischen Schriftsteller **Cirilo Vilaverde** verfasste Werk »Cecilia Valdés« erschien erst 43 Jahre später in voller Länge. Die Gräber von Autor und Protagonistin befinden sich auf dem wunderbaren Cementerio Colón (S. 33).

Berühmtheit: Nicht nur ist sie die Taufkirche von Nationalheld José Martí, sie spielte auch eine zentrale Rolle in dem Roman »Cecilia Valdés« von Cirilo Vilaverde. Die Hauptfigur Cecilia steht als Skulptur vor dem Eingang.

🔵 Museo Nacional de Bellas Artes (Arte Cubano)
| Museum |

 Zahlreiche Werke kubanischer Künstler aus vier Jahrhunderten

Das moderne Gebäude beherbergt mehr als 1000 Werke kubanischer Malerei und Bildhauerei. Die Exponate umfassen zeitgenössische Kunst genauso wie Werke aus der Kolonialzeit, deren impressionistische Darstellungen von Landschaft und Alltag der Bewohner teilweise an Fotografien erinnern. Viele Motive, die in Kubas Souvenirgeschäften auf Geschirr und Duschvorhängen verkauft werden, gibt es hier im Original zu sehen. Höhepunkte sind die abstrakten Malereien von Wifredo Lam und die Skulpturen von Rita Longa.

■ Trocadero e/ Agramonte y Misiones, www.bellasartes.cult.cu, Di–Sa 9–17, So 10–14 Uhr, 5 CUC

🔵 Edificio Bacardí
| Architektur |

Die stilistische Nähe der 1929 errichteten Bacardi-Niederlassung zu den New Yorker Art-déco-Hochhauskomplexen der gleichen Epoche ist unübersehbar. Auf dem Dach des nach oben hin abgestuften, mit farbigen Terrakottafliesen verzierten Gebäudes thront das Fledermausemblem der Rummarke. Ein toller Blick bietet sich von der Dachterrasse des gegenüberliegenden Hotels Parque Central.

■ Av. Misiones esq. San Juan de Dios

🔵 Parque Central
| Platz |

Das in der Zeit sprudelnder Einnahmen aus dem Zuckerexport mit monumentalen Gebäuden bebaute Areal ist zweifellos das Zentrum der Stadt. Hier befanden sich einst die noblen Gesellschaftsclubs der Immigrantengruppen aus Galizien (heute das Gran Teatro) und Asturien. Im Centro Asturiano ist heute die internationale Sammlung des Museo Nacional de Bellas Artes mit einem prachtvollen Buntglasdach untergebracht. Von hier aus nur ein paar Schritte weiter liegt die Bar El Floridita (Obispo No. 557), deren berühmtester Stammgast Hemingway heute noch als Bronzestatue an der Bar sitzt.

ADAC *Spartipp*

Das Museo Nacional de Bellas Artes beinhaltet ein kubanische sowie eine internationale Sammlung (im Centro Asturiano, S. 28). Der Eintritt kostet jeweils 5 CUC. Mit dem einzigen **Kombiticket** in ganz Kuba kostet der Besuch beider Abteilungen nur 8 CUC.

Der Sitz des kubanischen Parlaments wird von einer 92 m hohen Kuppel gekrönt

19 Gran Teatro de la Habana
| Theater |

Rund um das 1837 eröffnete Teatro Tacón wurde 1915 das Centro Gallego wie eine neobarocke Schachtel herum gebaut, die ihre volle Pracht bei nächtlichem Kunstlicht entfaltet. Das heute hier befindliche Gran Teatro ist Sitz des kubanischen Nationalballetts und fasst ca. 1500 Zuschauer.

■ Prado No. 452, Besichtigung Mo–Sa 9–17, So 9–13 Uhr, 5 CUC, Programm-Infos unter www.granteatro.cu

20 Capitolio
| Regierungsgebäude |

Die Architektur des Parlamentssitzes erinnert stark an das Kapitol in Washington. Der Standort des Baus wurde ganz bewusst so gewählt, dass die Kuppel von den strahlenförmig hierher führenden Straßen aus stets zu sehen ist. Unter der Kuppel des gewaltigen, im Inneren von Marmor strotzenden Baus markiert ein Brillant den Nullpunkt des Straßensystems der Insel.

■ Führung Di–Sa 9–17, So 9–12 Uhr, 5 CUC

21 Parque de la Fraternidad
| Platz |

Die Fassaden der Gebäude gegenüber dem Capitolio mit den vorbeifahrenden Oldtimern sind ein beliebtes Fotomotiv. Gleich daneben liegt der verkehrsreichste Platz im Stadtzentrum, mit dem Luxushotel Saratoga (schöner Blick von der Dachbar). Das fernöstlich anmutende Tor am westlichen Ende des Platzes führt zum Barrio Chino. Etwas rechts direkt hinter dem Capitolio befindet sich die 1845 gegründete älteste Zigarrenfabrik Kubas, Partagás.

Im Blickpunkt

Im Grenzbereich zwischen Plan- und Marktwirtschaft

Kubas offizielle, nicht frei konvertierbare Landeswährung ist der Peso Cubano (Moneda Nacional, MN oder CUP). Der Peso Convertible (CUC) ist eine Art Ersatz-Dollar, der innerhalb der Landesgrenzen zum Kurs des US-Dollars in andere Währungen getauscht werden kann. Als Faustregel gilt: Alles, was nicht im Land hergestellt wird, muss in Devisen bezahlt werden. Touristen werden mitunter Probleme haben, auch nur den Gegenwert von 10 € in MN auszugeben. Die staatlichen Stellen tauschen zwar 1 CUC zum Wert von 23–25 MN, dennoch sind beide Währungen nicht beliebig einsetzbar. Weil alle Waren und Dienstleistungen (auch Benzin oder Taxifahrten), die auch nur den Hauch von Exklusivität genießen, nur mit CUC bezahlt werden, genießt dieser ein wesentlich höheres Prestige. In vielen Fällen geht die Bezahlung in MN mit langen Wartezeiten einher, so z. B. bei Einkäufen, in Restaurants und im ÖPNV. In manchen Situationen wird ausschließlich eine der beiden Währungen akzeptiert. Welche das ist, erschließt sich oft nicht gleich, da Preise in beiden Währungen mit einem einfachen »$«-Zeichen gekennzeichnet werden. Mittelfristig soll der CUC abgeschafft werden. Der genaue Zeitpunkt steht jedoch noch in den Sternen. In einem geschlossenen Markt, in dem die staatlichen Lieferketten mit Regelmäßigkeit versagen, kann das Auftreiben einfachster Konsumgüter zu einer tagfüllenden Aufgabe werden. Lange Schlangen, leere Speisekarten und brachliegende Regale sind die Regel in den Einrichtungen der Versorgungsmonopole. Die Handy-App »Donde Hay?«, die über verfügbare Sortimente informiert, erfreut sich großer Beliebtheit. Der Schwarzmarkt blüht, auch weil der Staatshaushalt über den Verkauf von importierten Konsumgütern mit Preisaufschlägen finanziert wird. Wiederverkäufer stehen bereits Stunden vor Öffnung der Geschäfte Schlange, um ganze Sortimente leerzukaufen. Professionelle Grenzgänger nutzen Linienflüge, um Waren aus Konsumparadiesen wie Panama oder Miami heranzuschaffen. Der Verkauf findet in Privatwohnungen statt und bedient sich eines umfangreichen Netzwerks von Kontakten – der Staat steht der Findigkeit seiner Bevölkerung weitgehend hilflos gegenüber.

Callejón de Hamel
| Gesamtkunstwerk |

Etwa um 1990 begann der Künstler Salvador González Escalona seine Nachbarschaft mit Wandmalereien und Skulpturen zu verschönern, welche die afrokubanische Religion thematisieren. Der Staat zeigte sich anfangs wenig verständnisvoll für diese Form der Guerilla-Kunst, doch die Be-wohner des Viertels verteidigten das Projekt – mit Erfolg, wie man sieht!

■ Hamel No. 1054, Tel. 78 78 16 61, tgl. 8–20 Uhr

Parken

Allgemein ist davon abzuraten, mit dem eigenen Auto ins Zentrum Havannas zu fahren. Im Bereich des Parque Central vor dem Hotel Inglaterra und an der Calle Agramonte sowie neben dem Hotel Sevilla gibt es jedoch einige Parkplätze, die Touristen nutzen dürfen.

 Restaurants

€–€€ | Los Nardos Gegenüber dem Capitolio werden bei Kerzenlicht und Pianomusik hochwertige spanisch-kreolische Gerichte in riesigen Portionen und zu guten Weinen serviert. Der Preis-Leistungs-Tipp schlechthin! ■ Prado No. 563 (OG) e/ Dragones y Brasil, tgl. 12–24 Uhr, Plan S. 20/21 e3

€€€ | Ivan Chef Justo Unter dem denkmalgeschützten Dach eines Hauses von 1766 mit Blick auf die Hafeneinfahrt werden die Gäste auf mehreren Ebenen kulinarisch verwöhnt. Das tagesaktuelle Angebot richtet sich nach den Zutaten, die Chefkoch Iván frisch auf dem Markt bekommt. ■ Aguacate No. 9 esq. Chacón, Tel. 78 63 96 97, tgl. 12–23.30 Uhr, Plan S. 20/21 e2

⑤ **€€€ | La Guarida** Vom Balkon der Wohnung, die als Filmset für den Kinohit »Erdbeer und Schokolade« diente, genießt man einen tollen Blick über die Dächer verfallender Häuser – mehr Centro Habana geht nicht. Auf den Tisch kommt allerfeinste kreolische Küche, die zugehörige Dachbar ist für sich genommen schon den Besuch wert. ■ Concordia No. 418 e/ Gervasio y Escobar, Tel. 78 66 90 47, www.laguarida.com, Plan S. 20/21 c2

 Einkaufen

Casa del Habano Partagas Das in der ältesten Zigarrenfabrik Kubas gelegene Zigarrengeschäft gilt als der beste Ort, um edle Habanos und Rum zu

Gefällt Ihnen das?

Neben dem Restaurant La Guarida ist die berühmte **Eisdiele Coppelia (S. 33)** an der Kreuzung Calle 23 y L ein weiterer Drehort des Kinoklassikers »Erdbeer und Schokolade«.

kaufen. ■ Industria No. 520, Mo–Sa 9–19, So 9–14 Uhr, Plan S. 20/21 d3

El Ojo del Ciclón Die Galerieflächen des Künstlers Leo D´Lázaro erstrecken sich über die durch Zwischendecken gewonnenen, verwinkelten und fensterlosen Räume einer ehemaligen Privatwohnung. Nicht geeignet für Klaustrophobiker! ■ O´Reilly No. 501 esq. Villegas, Plan S. 20/21 e2

 Konzerte

La Rosalia de Castro Großzügiges altes Gemäuer, in dem das bekannte Son-Ensemble »Legendarios de Buena Vista« die Klassiker der guten alten Zeit präsentiert. Reservieren! ■ Av. Belgica No. 504 esq. Dragones, www.tradicionalesdelos50musicacubana.com, tgl. 21.30 Uhr, 30 CUC, Plan S. 20/21 e3

 Kneipen, Bars und Clubs

El Chanchullero Die gemütliche Taverne auf drei Etagen liegt direkt an der lebhaften Plaza del Buen Cristo. Originelle Tapas und bewährte Snacks. ■ Brasil No. 457A, www.el-chanchullero.com, tgl. 13–24 Uhr, Plan S. 20/21 e3

✹ **Erlebnisse**

Callejón de Hamel Immer sonntags erklingen in dieser Gasse umgeben von Wandmalereien afrokubanische

Rhythmen und Rumba bei Musik- und Tanzvorführungen.◼ So 12–15 Uhr, Plan S. 20/21 b2

Callejón de los Peluqueros Kulturprojekt mit Kunstgalerien, Straßencafés und Friseurläden, das sich rund um den musealen Friseurladen Arte Corte entwickelt hat. Bei Führungen wird das Projekt Haus für Haus vorgestellt. Auf dem Spielplatz Barbeparque (Av. Misiones esq. Cuarteles) werden Kindern gratis die Haare geschnitten, während diese auf einem Schaukelpferd Platz nehmen.◼ Aguiar No. 10 e/ Peña Pobre y Av. Misiones, E-Mail: proyectoartecorte@gmail.com (Camilo), Plan S. 20/21 e2

Zigarrenfabrik-Führung Touren zur Handfertigung der edlen Habanos an verschiedenen Standorten (Fotoverbot beachten!).◼ Buchbar in vielen Hotels (z. B. im Hotel Saratoga, Parque de la Fraternidad, Plan S. 20/21 e3)

Vedado und Plaza de la Revolución

Im großzügig angelegten Villenviertel brodelt heute das Nachtleben

»El Vedado«, der Name des moderneren zentralen Teils von Havannas Zentrum, bedeutet so viel wie Einhegung. Ursprünglich sollte mit diesem Areal Piraten der Zugang zur Stadt erschwert werden, indem man weder Bebauung noch das Anlegen von Wegen gestattete. Die Erschließung erfolgte erst im Jahr 1858 mit der Aufteilung in Parzellen, die von einem nach dem Wind ausgerichteten, rechtwinkligen Straßenraster begrenzt wurden. Mit der weitläufigen Plaza de la Revolución grenzt das allabendlich zur Hochform auflaufende Vergnügungsviertel Havannas an das politische Zentrum des Landes.

Das Innenministerium mit dem bekannten Konterfei Ernesto Che Guevaras

Sehenswert

 Hotel Nacional
| Architektur |

Das auf den Grundmauern einer er-
höhten Artilleriestellung errichtete
erste Luxushotel der Karibik markiert
die Grenze zwischen Centro Habana
und El Vedado. Ein historischer Saal mit
den Porträts von Größen der internationalen Politik und des Showbiz informiert über die illustren Gäste, die das
Hotel schon beherbergte: von Stars
wie Frank Sinatra und Ava Gardner, die
hier ihre Flitterwochen verbrachten,
bis hin zu zwielichtigen Mafiosi. Vom
Garten der Terrasse aus lässt sich die
schöne Aussicht aufs Meer genießen.
■ Calle O esq. 21, 2 CUC

 La Rampa
| Straßenzug |

Entlang der Hauptstraße des Stadtteils
Vedado, die wie eine Rampe vom Ma-
lecón hinaufführt, liegen viele moder-
ne Gebäude wie das Hotel Habana
Libre, berühmte Kinos wie das Cine
Yara und der legendäre Eistempel
Coppelia (Calle 23 y L). In Richtung
Westen führt die Calle 23 vorbei an den
Hotspots des Nachtlebens in den
Stadtteil Miramar.

 Plaza de la Revolución
| Paradeplatz |

Berühmtheit erlangte der noch während der Batista-Diktatur angelegte,
4 ha große Platz im Zusammenhang
mit den Massenaufmärschen bei stun-
denlangen Reden von Fidel Castro. Auf
der Tribüne vor der riesigen Statue von
José Martí schoss Alberto Korda das
wohl berühmteste Foto von Che Guevara, welches in abstrakter Form auch
das gegenüberliegende Innenminis-

ADAC *Mobil*

Wesentlich teurer als die Touristenbusse (S. 22) sind Fahrten mit
Havannas offiziellen gelben **Taxis**,
v. a. nach Einbruch der Dunkelheit.
Privatfahrzeuge sind (illegalerwei-
se) günstiger; der Fahrpreis sollte
unbedingt vorab geklärt werden.
Die gelben »Coco«-Taxis sind nicht
billiger als normale Taxis. Schön
sind die Oldtimer-Cabriolets, die
für ca. 30 CUC pro Stunde Stadt-
rundfahrten anbieten. Zwischen
Pl. San Francisco und dem Parque
Central verkehren **Pferdekut-
schen**. Für kürzere Distanzen in
der Altstadt eignen sich **Bicitaxis**.

terium ziert (schön bei künstlicher Be-
leuchtung). Das Teatro Nacional ist die
wichtigste Bühne, der Obelisk über
dem begehbaren Memorial Martí ist
der höchste Punkt der Stadt.
■ Memorial Martí, Mo–Sa 9–16 Uhr, 3 CUC

 Cementerio Colón
| Friedhof |

 *Architektonisch aufwendige
Nekropole mit Celebrity-Status*

Der 1871 angelegte Kolumbus-Friedhof
ist die letzte Ruhestätte vieler berühmter Persönlichkeiten wie Fernando Or-
tiz, Rita Montaner und Ibrahim Ferrer.
Der Namenspatron des Friedhofs allerdings lag hier nie bestattet. Die 56 ha
große Anlage mit rechtwinkligen Wegen beherbergt 50 000 Mausoleen,
Kapellen, Gemeinschaftsgrabstätten
sowie unterirdische Galerien, davon
eine prunkvoller als die andere. Die in-
teressantesten erstrecken sich entlang
der Hauptzufahrtsachse in Richtung
der oktogonalen Hauptkapelle.
■ Zapata esq. 12, 5 CUC

Parken

Bewachte, gebührenpflichtige Parkplätze finden sich in der Calle O esq. 21 (Plan S. 20/21 a1), Calle O esq. Humboldt (Plan S. 20/21 b2), Calle 23 esq. H (Plan S. 20/21 a2).

Restaurants

€–€€ | Topoly Iranisch-kreolische Fusionsküche. Große vegetarische Auswahl, Pizza, Frühstück, Tee und Wasserpfeifen. Rosenwasser zur Erfrischung. ■ Calle 23 No. 669 esq. D, Tel. 78 32 32 24, tgl. 8.30–24 Uhr, Plan S. 20/21 westl. a3

€€ | Habana Blues Die liebevolle Gestaltung erinnert an die Kulissen des gleichnamigen Films. Echte (!) kubanische Schauspieler aus Film und TV kümmern sich nicht nur um den Service, sondern auch um Gesang. Großes Kino, unbedingt reservieren! ■ Calle H No. 405 e/ 17 y 19, Tel. 78 35 65 45, tgl. außer Mi 12–23 Uhr, Plan S. 20/21 a2

Cafés

Belview ArtCafé Das Café wurde von einem Team um den Fotografen Sven Creutzmann gestaltet, dessen Arbeiten großformatig platziert wurden. Abwechslungsreiche Auswahl an ge-

ADAC *Mittendrin*

Bei den am Nachmittag beginnenden und vor Mitternacht endenden **Discotembas** werden alle Musikgenres bedient, so etwa im Cafe Cantante »Mi Habana« (Av. Paseo y 39, Di–Sa 16–22 Uhr, 5 CUC) im Keller des Teatro Nacional (S. 33), wo sich Jung und Alt zum Tanz trifft. Gute Livemusik!

sunder Kost und tolles Angebot an deutschsprachiger Literatur über Kuba. ■ Calle 6 No. 412 esq. 19, Di–So 9–18 Uhr, Plan S. 20/21 westl. a3

Café-Galería Mamainé Mit recycelten Materialien zum Café umgestaltete Villa. Vom Frühstück bis zum abendlichen Absacker. ■ Calle L No. 206 e/15 y 17, tgl. 8–24 Uhr, Plan S. 20/21 a2

Café Montero Beliebte Oase mit gutem Kaffee, Frühstück, Snacks und Limonda Frappé. ■ Calle 23 No. 1058 e/ 6 y 8, Mo–Do 8–21, Fr, Sa 8–24 Uhr, Plan S. 20/21 westl. a4

Bühne

Fabrica de Arte Cubano Was als alternatives Kulturzentrum in einer alten Fabrik begann, ist heute ein genreübergreifender Kunsttempel mit Ausstellungen, Theater, Konzerten, Discos, Kino etc. ■ Calle 26 esq. 11, www.fac.cu, Do–So 20–3 Uhr, Plan S. 20/21 westl. a4

Kneipen, Bars und Clubs

1830 Am Meer gelegener Tanzclub im Freien. Salsa und Gruppentanz »Rueda de Casino«. Livemusik, Restaurant. ■ Malecón No. 1252 esq. 20, Di, Do, So 18–24 Uhr, 3 CUC, Plan S. 20/21 westl. a4

Submarino Amarillo Der Rockschuppen bietet die Möglichkeit, diese unbekannte Facette der kubanischen Musik kennenzulernen. ■ Calle 17 esq. 6, tgl. 21 Uhr, 5 CUC, Plan S. 20/21 westl. a3

☀ Erlebnisse

RutaBikes Geführte Radtouren (ab 30 CUC). Fahrradverleih inkl. Helm und Schloss ab 7 CUC/2 Std. ■ Calle 16 No. 152 esq. 13, www.rutabikes.com, tgl. 8–17 Uhr, Plan S. 20/21 westl. a3

2 Havannas westliche Peripherie

Kulinarische Top-Adressen und Freizeitaktivitäten

 Information

■ Infotur, Miramar, Av. 5 y 112,
Tel. 72 04 70 36, Mo–Sa 9–17, So 9–12 Uhr

In den großzügig angelegten Bereichen westlich des Stadtzentrums befinden sich die begehrtesten Wohnlagen der Stadt, wo zahlreiche Berühmtheiten des Landes ihre Domizile haben. Touristisch interessant sind v. a. der im Stil eines US-amerikanischen Suburbs angelegte Villenvorort Miramar und der parkähnliche Stadtteil Cubanacán mit zahlreichen Botschaften.

 Sehenswert

Fusterlandia
| Skulpturenpark |
Das von José Fuster 1995 aus der Taufe gehobene Projekt einer Freiluftgalerie wirkt mit seinen naiven Installationen wie eine surrealistische Mosaiklandschaft aus Keramikeinzelteilen. Der bunte Reichtum an Formen und Farben breitet sich auch über die angrenzenden Straßen aus.
■ Calle 226 esq. 3, tgl. 9–18 Uhr, Eintritt frei

Museo Organico Romerillo
| Kunstprojekt |
KCHO, der vielleicht renommierteste lebende Künstler Kubas, hat in einem ehemaligen Busdepot sein Atelier eingerichtet und das umgebende Viertel in ein Straßenkunstprojekt verwandelt. Zu sehen ist eine Galerie mit

Die naiven Werke von José Fuster bringen Farbe ins Stadtbild

Wechselausstellungen sowie die neuesten Werke des Künstlers.
■ Calle 7 esq. 120, Tel. 72 08 09 65, Mo–Fr 9–16.30 Uhr

 Restaurants

€€ | **Vistamar** Auf der Terrasse direkt am Meer werden v. a. Fisch und Meeresfrüchte serviert. Sehr romantisch zum Sonnenuntergang. ■ Av. 1ra No. 2206 e/ 22 y 24, Tel. 72/03 83 28, www. restaurantevistamar.com, tgl. 12–24 Uhr

€€€ | **La Cocina de Lilliam** Stilvolles Patio-Restaurant im Grünen mit Fusionsküche auf konstant hohem Niveau. Sehr gute Paella. ■ Calle 48 No. 1311 e/ 13 y 15, www.lacocinadelilliam.com, Di–Sa 12–15, 19–23 Uhr

Bühne

Tropicana Ballet Die 1939 gegründete Tanztruppe zeigt eine Show mit Musik, Tanz und Akrobatik im bezaubernden Ambiente unter freiem Himmel. ■ Calle 72 No. 4504 esq. 43, www.cabaret-tropicana.com, tgl. 21.30 Uhr, ab 75 CUC

Events

Dia de San Lazaro Am 17. Dezember ziehen Hunderttausende Pilger z. T. auf Knien rutschend zur Kirche in Santiago de la Vegas, dem nach El Cobre wichtigsten Wallfahrtsort des Landes.

Entspannung

Club Habana bietet einen aufgeschütteten Strand, Pools, Fitnessräume und Restaurants. ■ Av. No. 5 e/ 188 y 192, tgl. 8–20 Uhr, Tagespass 10–15 CUC

3 Casablanca und die Festungen

Reiche Geschichte und fantastische Ausblicke auf Havanna

Von der gegenüberliegenden Seite der Bucht bietet sich ein überwältigender Panoramablick über Havanna und seinen Hafen. Die Festung El Mor-

ADAC *Mittendrin*

Die alljährlich Mitte Februar in der Festung San Carlos la Cabaña stattfindende **Buchmesse** hat bei den lesehungrigen Kubanern Volksfestcharakter mit Essensständen und Livemusik. In dem alten Gemäuer werden Bücherstände und Lesebühnen aufgebaut.

ro wurde aufgrund der enormen Bedeutung für die Bewohner sogar im Stadtwappen verewigt, schließlich schützte sie einst die Silberflotte vor dem Zugriff von Freibeutern.

Sehenswert

Castillo de los Tres Reyes del Morro
| Festung |
Die Festung wurde 1589 bis 1630 auf einer Klippe an der Hafeneinfahrt errichtet, um die Bucht abzuriegeln. Dazu wurde bei Einbruch der Dunkelheit eine schwere Eisenkette, die mit der gegenüberliegenden Festung La Punta verbunden war, im Wasser gespannt. Von den Mauern und dem 1844 gebauten Leuchtturm (2 CUC) ergeben sich wunderbare Perspektiven auf die Stadt. Besonders schön ist die Stimmung in den Abendstunden. ■ Parque Morro, Tgl. 9–20 Uhr, 6 CUC

Fortaleza de San Carlos de la Cabaña
| Festung |
Die 1774 fertiggestellte Festung ist die größte in Lateinamerika. Einer der späteren Festungskommandanten war Che Guevara, der hier Todesurteile vollstrecken ließ. Das Militärmuseum nebst Freigelände zeigt v. a. Waffen, während in der Casa del Tabaco La Triada eine der größten Zigarren der Welt zu bestaunen ist. ■ Tgl. 10–22 Uhr, 6 CUC, 8 CUC inkl. Kanonenschusszeremonie (S. 38)

Cristo de la Habana
| Statue |
Von der 18 m hohen Christusstatue direkt oberhalb des Fähranlegers von Casablanca ergibt sich ein schöner

Wahrsagerinnen vor der Iglesia de Nuestra Señora de Regla

Panoramablick über die Hafeneinfahrt und die dahinterliegende Altstadt. Das von der Gattin von Diktator Batista nach einem missglückten Attentatsversuch in Auftrag gegebene Werk wurde von der Bildhauerin Hilma Madeiro erschaffen und kurz vor dem Jahresende 1958 eingeweiht.

■ Casablanca, tgl. 9–17 Uhr, 1 CUC

Iglesia de Nuestra Señora de Regla
| Wallfahrtskirche |

Die wichtigste Reliquie der Kirche unweit des Fähranlegers im Ort Regla ist die Figur der schwarzen Jungfrau von La Regla, die der Legende nach aus Afrika stammen soll. Viele Bootsflüchtlinge beteten hier zur Schutzpatronin der Seeleute, bevor sie sich auf Flößen dem Golf von Mexiko anvertrauten.

■ Regla, tgl. 8–17, Di, Mi, Fr und Sa 8, So 9 und 11 Uhr

Cojímar
| Hafen |

Im Hafenbecken des kleinen Ortes grüßt die Statue von Ernest Hemingway. Von hier aus fuhr er gern mit seiner Jacht »Pilar« zum Angeln. Dabei begleitete ihn oft Skipper Gregorio Fuentes, der ihn zu »Der alte Mann und das Meer« inspirierte. Die Taverne La Terraza (M. Real No. 152) zieren heute etliche Fotos jener Tage, u. a. auch das Foto, welches den Schriftsteller gemeinsam mit Fidel Castro zeigt.

ADAC *Mobil*

Von der Muelle de la Luz in der kolonialen Altstadt Havannas verkehren **Personenfähren** nach Casablanca und La Regla. Die Fähren fahren von 6–23 Uhr etwa alle 15 Min. für 1 MN.

Der Strand von Bacuranao bietet karibische Postkartenidylle in Stadtnähe

 Events

Dia de Nuestra Señora de la Regla
Am 7. September trägt eine Prozession mit Scharen von Einheimischen die Figur der Virgen de La Regla von der Kirche (S. 37) im Ort durch die angrenzenden Straßen.

 Erlebnisse

Bei dem allabendlich in der Festung La Cabaña feierlich in historischen Kostümen durchgeführten **Cañonazo** wird an die Kanonenschusszeremonie erinnert, mit der das jeweils im Hafen liegende Flaggschiff das Signal zum Schließen der Hafeneinfahrt gab.
■ Tgl. 20.30 Uhr

4 Playas del Este

Havannas feinsandige Hausstrände liegen 20 km östlich des Stadtzentrums

 Information

■ Infotur, Av. Las Terrazas y 10, 10400 Santa María, Tel. 77 96 11 11

Die sich zwischen den Küstenorten Bacuranao, Santa María del Mar, Boca Ciega und Guanabo erstreckende »Badewanne der Habaneros« muss sich vor den weiter westlich gelegenen Stränden von Varadero nicht verstecken. Während sich im Sommer Tausende Einheimische auf den Weg hierher machen, sind die nur eine halbe Stunde Autofahrt von Havanna entfernten Sandstrände außerhalb der Ferien ruhige Orte zur Entspannung.

5 Finca Vigia

Die Villa Hemingway ist praktisch im gleichen Zustand, wie er sie 1960 verließ

Martha Gellhorn, Hemingways dritte Ehefrau, war das Hotel Ambos Mundos leid, wo der Schriftsteller fast acht Jahre gewohnt hatte, und stieß 1939 auf dieses fern der hektischen Innenstadt und dennoch nah an der Metropole gelegene Anwesen. Von dem 1887 von einem katalanischen Architekten erbauten Landhaus reicht der Blick bis über den Hafen von Havanna. Das Haus wirkt, als wäre der Autor nur mal eben zum Angeln rausgefahren. Es darf nicht betreten werden, die Besichtigung erfolgt durch die Fenster. Die Villa liegt ca. 8 km südöstlich des Zentrums; im Stadtteil San Francisco de Paula der Calle Vigia folgen.

Übernachten

Die restaurierten kolonialen Häuser in der Altstadt punkten mit der Fußläufigkeit zu den wichtigen Attraktionen. Das ehemalige Villenviertel Vedado hingegen lockt mit einem autofreundlichen Straßenraster mit viel Grün und seinem Nachtleben. Im dazwischen gelegenen Centro Habana gibt es nur wenig touristische Infrastruktur, jedoch viele günstige Privatunterkünfte in z. T. maroder Bausubstanz und mit schlechter Straßenbeleuchtung. Jenseits der zentralen Stadtteile müssen oft große Distanzen zurückgelegt werden. Wer kein eigenes Auto hat, muss v. a. nachts mit hohen Taxikosten rechnen.

Havanna 18

€ | Casa Esperanza Zwei Doppelzimmer mit gemeinsamem Bad und Wohnzimmer, Dachterrasse. Sehr hilfsbereite Vermieterin. ■ Vedado, Calle 8 No. 609 e/25 y 27, Tel. 78 30 20 12, E-Mail: gamif@nauta.cu

€ | ColoniArte Vier mit Antiquitäten verzierte Doppelzimmer auf zwei Etagen mit Wannenbad, rund um einen begrünten Patio. ■ Habana Vieja, Habana No. 625 e/ Brasil y Muralla, Tel. 78 64 69 07, E-Mail: coloniarte@nauta.cu

€ | Sarahi Perez Drei Doppelzimmer im OG eines Kolonialhauses mit Terrasse und WLAN. ■ Peña Pobre No. 107 e/ Misiones y Habana, Tel. 78 01 54 75

€€ | Aida Hernandez Zwei komfortable Doppelzimmer mit kleiner Terrasse und WLAN. ■ Bernaza No. 1 e/ O´Reilly y Obispo, Tel. 78 01 40 11

€€ | Casa Elsie Zwei Doppelzimmer im 9. OG, Balkon mit Meerblick, Fahrstuhl. ■ Centro, Malecón No. 51 e/ Genios y Cárcel, Tel. 78 61 81 27, E-Mail: isygo@nauta.cu

€€ | Julian Perez Alba Penthouse mit Zwei Doppelzimmern mit Bad in einem der höchsten Gebäude der Stadt mit zwei großen Terrassen mit tollem Blick, Garage, WLAN. ■ Vedado, Calle C No. 57 e/3 y 5 (Apto. 3), Tel. 78 35 35 61, E-Mail: saili72@nauta.cu

€€€ | Hotel Parque Central Das direkt am gleichnamigen zentralen Platz gelegene Hotel ist eine Oase der Ruhe mitten im Zentrum der Stadt. Die zwei Gebäudetrakte sind mit viel Infrastruktur ausgestattet, u.a. Spitzenrestaurant, Wechselstube und großen Dachterrassen mit Bar und Swimmingpool. Die geräumigen Zimmer mit Dusche und Badewanne entsprechen europäischen Standards. ■ Neptuno e/ Prado y Zulueta, www.hotelparquecentral-cuba.com

€€€ | Hotel Raquel Unter dem Buntglasdach des 1908 im Art-nouveau-Stil erbauten Hotels gibt es 21 Doppelzimmer und vier Junior-Suiten, Dachterrasse, Fitnessbereich und Sauna. ■ Amargura No. 103 esq. San Ignacio, Tel. 78 60 82 80

Playas del Este 38

€ | Casa Milka 2 Doppelzimmer mit gemeinsamem Bad, Terrasse, Garage, Veranda, Grillplatz, 100 m zum Strand. ■ Guanabo, Av. 470 No. 503 e/5 y 7, Tel. 77 99 09 87

Die Westspitze: blühender Garten Kubas

Das Gebiet westlich von Havanna birgt auf wenig Raum spektakuläre Landschaften, weite Strände und authentisches Landleben

Auf der Landkarte wirkt die Gegend westlich von Havanna wie ein Anhängsel der Insel. Von der Hauptstadt bis zum westlichsten Punkt am Cabo San Antonio sind es jedoch noch knapp 300 km, und was landschaftliche Vielfalt und kulturelle Tiefe angeht, ist dieser relativ kleine Landesteil den anderen Provinzen mehr als ebenbürtig. Wer keine Zeit hat, die ganze Insel zu bereisen, findet hier all die Vorzüge Kubas versammelt, die das Land zu einem der beliebtesten Reiseziele der westlichen Hemisphäre gemacht haben: karibische Lebensfreude, unberührte Natur, puderweiße Traumstände und atemberaubend schöne Tauchgründe. Die Westspitze ist traditionell die wichtigste Tabakanbauregion des Landes. Hier konnte sich eine freie Bauernschaft entfalten, die im Gegensatz zu den landlosen Zuckerschnittern der Insel den Boden besaß, den sie bebaute. Den stolzen »vegueros« gelang es hier, die Kontrolle über die Verarbeitung und Vermarktung ihres Produktes zu behalten. Mehr als in anderen Teilen des Landes wird daher die Verwurzelung der Bevölkerung mit ihrer Scholle augenfällig. Der Westen des Landes punktet weniger durch prunkvolle urbane Zentren als mit der Einfachheit seiner Bewohner in einer Landschaft, die auch der »Garten Kubas« genannt wird.

In diesem Kapitel:

ADAC Top Tipps:

Valle de Viñales
| Kulturlandschaft |
Authentisches traditionelles Landleben inmitten einmaliger Karstlandschaft (UNESCO-Weltkulturerbe). Die vielfältigen Freizeitaktivitäten machen die Gegend zu Kubas Hochburg des Individualtourismus. 47

ADAC Empfehlungen:

 Las Terrazas
| Naturpark |
Auf einer alten Kaffeeplantage errichtetes Wiederaufforstungsprojekt und Biosphärenreservat mit einer romantischen Künstlerkommune. 42

 Orquideario de Soroa
| Botanischer Garten |
Der wunderschön in die Landschaft eingebettete und abwechslungsreiche Orchideengarten gilt als einer der größten der Welt. 44

 Balcón del Valle, Valle de Viñales
| Restaurant |
Schmackhafte kreolische Küche zu fairen Preisen auf der Terrasse – mit herrlichem Blick über das Tal. 48

 Caverna de Santo Tomas, Moncada
| Tropfsteinhöhle |
Das längste bekannte Höhlensystem in Lateinamerika: Das faszinierende Labyrinth mit typischen Karstformationen erstreckt sich über sieben unterirdische Ebenen. 49

6 Las Terrazas

 Künstlerkommune im UNESCO-Biosphärenreservat

i Information

■ Complejo Las Terrazas, 22700 Rancho Curujey, Autopista Artemisa Km 52 ½, Tel. 48 57 85 55, www.lasterrazas.cu, tgl. 8–18 Uhr, Ansprechpartner für alle touristischen Aktivitäten und Unterbringung; Eintritt für Kommune und Cafetal Buenavista 2 CUC

Im Winter wird die grüne Lunge der Sierra del Rosario zu einem wichtigen Nadelöhr im jährlichen Vogelzug. Die Nähe zum nordamerikanischen Festland lockte im Vorfeld der Kubakrise auch sowjetische Streitkräfte in die Gegend, die hier nukleare Mittelstreckenraketen stationierten. Wanderer, die das dicht bewaldete, von kristallklaren Bächen durchzogene Gelände mit seinen rauschenden Wasserfällen und natürlichen Pools erkunden, schauen etwas ungläubig auf die vergilbten Fotografien im Besucherzentrum Rancho Curujey. Dort sind barfüßige, ausgemergelte Gestalten vor einer weitgehend baumlosen, terrassierten Einöde zu sehen: Nachfahren französischstämmiger Siedler, die hier im 19. Jh. begannen Kaffee zu kultivieren. Noch heute zeugen die Überreste von 20 Kaffeeplantagen davon. Als in den 1960er-Jahren 120 über die Region verstreut lebende Bauernfamilien für ein Gemeinschaftsprojekt zur Wiederaufforstung von 5000 ha Fläche gewonnen werden konnten, war die Landschaft infolge der intensiven Nutzung stark entwaldet. Für die Rena-

Vorzeigeprojekt des sanften Tourismus: das Öko-Projekt Las Terrazas

Im Blickpunkt

Polo Montañez – »El Guajiro Natural«

Die 1955 unter dem bürgerlichen Namen Fernando Borrego Linares als Sohn eines Köhlers geborene Musiklegende Polo Montañez begleitete bereits mit sieben Jahren die Band seines Vaters auf der Trommel, erhielt aber niemals eine musikalische Ausbildung. 1972 bezog die Familie ein Haus in der Comunidad Las Terrazas. Der tagsüber als Holzfäller und Traktorfahrer arbeitende, stets bescheiden auftretende Autodidakt sang nachts mit seinen sechs Geschwistern in Bars vom Alltag des ländlichen Lebens. Den über 70 Liedern aus seiner Feder maß er nur geringen Wert bei, und seine späteren Hits verschwanden zunächst in der Schublade seines Schreibtischs. Erst mit der touristischen Entwicklung von Las Terrazas erreichte seine Musik ein größeres Publikum, was 1999 in einem Plattenvertrag mündete. Bereits drei Jahre später verstarb Montañez bei einem Verkehrsunfall.

turierung wurden Terrassen mit einer Gesamtlänge von 1360 km als Schutz vor Erosion angelegt und darauf 6 Mio. endemische Gehölze gepflanzt. Die erfolgreiche Ansiedlung einer reichen Flora und Fauna führte 1984 zur Ernennung der Sierra del Rosario zum UNESCO-Biosphärenreservat. Wenig später begann der Aufbau eines sanften Tourismus, in den auch die Bevölkerung eingebunden wurde. Mittlerweile finanziert sich das Projekt komplett mit Einnahmen aus dem Öko-Tourismus und wurde 2006 für seine Nachhaltigkeit prämiert.

 Sehenswert

Comunidad Las Terrazas
| Künstlerkolonie |

Kern des Projekts ist die 1971 als Modelldorf errichtete Kommune, in deren weiß getünchten Häusern heute mehr als 1000 Nachfahren einstiger Tagelöhner leben, die hier erstmals in den Genuss von Strom, fließendem Wasser, ärztlicher Versorgung und staatlichen Bildungseinrichtungen kamen. Beim idyllischen Spaziergang entlang von Gärten und vorbei an einem von Kiefern gesäumten See, erlauben einige der freundlichen Bewohner auch Zutritt zu ihren Häusern (Eintritt frei). Zu sehen sind dort Gemälde, Siebdrucke, Kunst aus Keramik, Holz und Naturfasern. Auf der Straße verkaufen die Bewohner selbst gemachten Honig und Cerealienriegel.

Baños del Río San Juan
| Badestelle |

Etwa 3 km südlich der Kommune ergießt sich der Río San Juan kaskadenartig über einige Stufen, sodass sich mehrere natürliche Badebecken bilden. Da das Wasser aus dem Untergrund gespeist wird, sind die Becken an den tiefsten Stellen selbst während der Trockenzeit noch 5 m tief. Die Anlage verfügt über Barbetrieb, Duschen, Umkleidekabinen, Picknicktische und einige Cabañas.

■ Tgl. 9–19 Uhr, 10 CUC (davon 8 CUC Guthaben für Snackbar)

Restaurants

€€ | **Cafetal Buenavista** Ehemalige Kaffeeplantage mit (staatlichem) Restaurantbetrieb im alten Herrenhaus, das nach Originalplänen restauriert wurde. Hübsche Lage mit herrlichem Blick auf jene Stelle, wo Kuba mit nur 31 km von Küste zu Küste am schmalsten ist. Solide kreolische Küche, jedoch langsamer Service. ■ 2 km östl. der Kommune, Tel. 48 57 85 55, tgl. 9–17 Uhr

Einkaufen

Estudio Lester Campa Das Atelier des international prämierten Künstlers befindet sich direkt am Lago San Juan und steht tagsüber auch unangemeldetem Besuch offen – Anklopfen genügt. Campas Arbeiten, die als Originale oder als Abzüge in verschiedenen Größen verkauft werden, zeichnen sich durch eine gewisse Doppeldeutigkeit aus: ein Canyon in Form der Insel Kuba, in den sich von allen Seiten das Meer ergießt, vom Hurrikan zerstörte Palmen, die in der Anordnung eines SOS gruppiert sind, ein von üppiger Vegetation überzogener Körper mit weiblichen Rundungen – ein Landschaftsbild, das stark an die Umgebung von Las Terrazas erinnert.

Erlebnisse

Canopying Wer möchte, kann mit 35 km/h in 25 m Höhe über dem Lago San Juan schweben. Die insgesamt 800 m lange Strecke ist in drei Segmente unterteilt, von denen das längste 356 m misst. ■ Ansprechpartner ist das Bootshaus direkt am Lago San Juan, drei Strecken (25 Min.) für 10 CUC, sechs Strecken für 17 CUC

Wandern

Mehrere Wandertouren unterschiedlichen Schwierigkeitsgrades führen zu Wasserfällen, natürlichen Pools und Ruinen von Kaffeeplantagen in der Umgebung. Etwa die Hälfte der auf der Insel vorkommenden endemischen Vogelarten können im Reservat beobachtet werden. Einige Führer (z. B. Justo, am besten vorab anfragen) sind spezialisiert auf ornithologische Wandertouren. Das direkt am Lago de Palmar gelegene Rancho Curujey, ist Ausgangspunkt für geführte Touren durch den Naturpark. Infos im Complejo Las Terrazas (S. 42) ■ Wanderung inkl. Führer und Zutritt zur Badestelle 19 CUC

7 Soroa

Blütenpracht im Nebelwald, ein Muss für Orchideenliebhaber

An Stelle einer geschlossenen Ortschaft findet sich in Soroa eine großflächige Ansammlung von Häusern. Der Ort wurde nach einer spanischen Familie benannt, die hier eine Kaffeeplantage betrieb. Ein besonderes Mikroklima beschert dem Tal hohe Luftfeuchtigkeit bei relativ frischen Temperaturen, was eine ausgesprochen üppig wachsende Nebelwaldvegetation begünstigt.

Sehenswert

Orquideario de Soroa
| Botanischer Garten |

 Einer der größten und schönsten Orchideengärten der Welt

Die große Vielfalt der in dieser Gegend heimischen Orchideen bewog den Anwalt Tomás Felipe Camacho

Im Blickpunkt

Die Arche Noah der Karibik

Viele einst im gesamten Antillenraum verbreiteten Tier- und Pflanzenarten fanden auf Kuba ihr letztes Refugium. Während auf den kleineren Nachbarinseln die einheimische Flora und Fauna nahezu vollständig den Plantagen weichen musste, blieben in Kuba größere Gebiete weitgehend unbesiedelt, sodass bedrohte Arten ausweichen konnten. Die wirtschaftliche Isolierung des Landes sorgte dafür, dass natürliche Ressourcen geschont wurden. Nicht zuletzt wies die Regierung großzügige Schutzgebiete aus: 22 % der Landesfläche stehen unter Naturschutz. Durch Wiederaufforstung konnte der Anteil der bewaldeten Flächen deutlich erhöht werden. Kuba kann mit vielen biologischen Rekorden aufwarten: Mehr als 8000 Pflanzenspezies wurden auf der Insel identifiziert, die Hälfte davon ist endemisch wie auch zahlreiche Orchideenarten. 80 der weltweit rund 300 Palmenarten wachsen auf Kuba. Die Korkpalme – eine ca. 300 Mio. Jahre alte Palmfarnart – hat nur im Westzipfel Kubas die Zeiten überdauert. Fast ebenso lange lebt bereits der vom Aussterben bedrohte Manjuarí auf der Insel – ein Relikt aus der Zeit primitiver Wirbeltiere, das heute als die älteste lebende Fischart gilt. Zu den kleinsten Vertretern ihrer Gattung gehören ein insektengroßer Kolibri, fingernagelgroße Frösche und Kröten sowie die Schmetterlingsfledermaus, ein Fliegengewicht von nur 3 g. Die endemischen Polymitas-Schnecken gelten als die farbenreichsten der Welt. Mehr als 7000 Insektenarten wurden auf der Insel beobachtet, darunter ein Schmetterling mit transparenten Flügeln! Zur großen Artenvielfalt kommt ein weiterer Vorteil der isolierten Insellage Kubas: Besucher können die Natur unbeschwert genießen, da hier keinerlei giftige Tiere und Pflanzen heimisch sind.

Umgeben von üppigem Grün ergießt sich der Wasserfall von Soroa in die Tiefe

dazu, hier im Gedenken an seine Tochter einen Orchideengarten anzulegen. Die Blumenliebhaberin war bei der Geburt ihres Kindes verstorben. 1,5 Mio. US-Dollar ließ Camacho sich das um die Mitte des 20. Jh. realisierte Projekt kosten und betraute sogar einen japanischen Gartenbauspezialisten mit den Arbeiten. Nach der Revolution kehrte Camacho zurück in seine spanische Heimat. Heute gehört das 3,5 ha große Areal, auf dem rund 800 verschiedene Orchideenarten gedeihen, zur Universität von Pinar del Río, die hier ein Forschungszentrum betreibt. In den Gewächshäusern können Besucher beobachten, wie Orchideen gezüchtet werden. Darüber hinaus wachsen auf dem Gelände zahlreiche Baumarten. Die Hauptblütezeit ist von November bis Mai.

■ Tgl. 9–16.30 Uhr, Eintritt 3 CUC

El Salto de Soroa
| Wasserfall |

Zu diesem hübschen Wasserfall geht es ab der Brücke gleich gegenüber dem Orchideengarten etwa zehn Minuten zu Fuß entlang eines gut ausgebauten Weges. Das kalkhaltige Wasser des Río Manantiades stürzt hier über 22 m tief in ein Becken, das zum Baden einlädt. An der Kaskade haben sich die Stalaktiten zu einer Haube verbunden.

■ Tgl. 9–17 Uhr, Eintritt 3 CUC

Castillo de las Nubes
| Aussichtspunkt |

Hinter dem Orchideengarten der Straße folgend, kann mit dem Auto bequem der knapp 270 m über dem Tal gelegene Aussichtspunkt erreicht werden. Das kleine Boutiquehotel (S. 55) vor spektakulärem Panorama wurde in den 1940er-Jahren von einem später emigrierten Großgrundbesitzer errichtet. Er erwarb Einrichtungsgegenstände aus mittelalterlichen Schlössern in ganz Europa, die er für die Dekoration seines Domizils in den Wolken verwendete.

■ Aussichtspunkt, tgl. 9–17 Uhr

Wandern

Mirador de Venus Die Strecke führt über die Brücke gleich links neben dem Eingang zum Wasserfall stetig nach oben. An der Brücke besteht auch die Möglichkeit, ein Pferd mit Führer für den Aufstieg zu mieten. Nach etwa 40 Minuten ist ein Aussichtspunkt mit perfekter Rundumsicht erreicht.

8 Valle de Viñales

 Tabakkultur in einzigartiger Karstlandschaft

Information

■ Infotur, Salvador Cisneros No. 63, 22400 Viñales, Tel. 48 79 62 63

Der erst seit knapp 140 Jahren in seiner heutigen Form existierende, etwa 20 000 Bewohner zählende Ort Viñales ist eingebettet in eine Landschaft, die aussieht, als stamme sie aus der Hand eines Künstlers. Wer hier nachmittags durch die Gassen schlendert, bekommt an vielen Ecken ein klischeehaftes Kuba-Bild zu Gesicht, wie es sich das Tourismus-Marketing nicht besser ausdenken könnte: Seite an Seite sitzen Frauen mit Lockenwicklern in den Haaren und Zigarre schmauchende Männer in Schaukelstühlen und halten ein Schwätzchen mit den Nachbarn. Kubas Hochburg des Individualtourismus bietet viele Möglichkeiten zur individuellen Freizeitgestaltung.

Sehenswert

Mural de la Prehistoria
| Gesamtkunstwerk |
Für das gewaltige Gemälde, das die Evolution des Lebens auf der Erde thematisiert, wurde der Mogote Dos Hermanas auf einer Fläche von 80 x 120 m komplett von Vegetation befreit. Die ausführenden Maler kletterten an Seilen entlang der Felswand und brachten die Farbe entsprechend den Anweisungen des mit einem Megafon ausgestatteten Künstlers Leovigildo González auf, der ein Schüler des mexikanischen Muralisten Diego Riviera war. Ein Weg führt zu einem Aussichtspunkt oberhalb des Bildes. Der Ort eignet sich aufgrund seiner gastronomischen Einrichtungen bes-

ADAC *Wussten Sie schon?*

Mogotes werden die grün überwachsenen Karstkegel genannt, auf denen sich jeweils ganz spezielle Ökosysteme herausgebildet haben. Manche Schneckenarten sind lediglich auf einem einzigen dieser Mogotes zu finden. Bei den Kegeln handelt es sich um die Überreste eines Höhlensystems, das vor 160 Mio. Jahren entstand und dessen Decken unter dem Einfluss der Witterung allmählich einstürzten. Anhand der Böden im Tal lässt sich immer noch der Verlauf der jurazeitlichen Höhlengänge ablesen.

tens als Zwischenstopp während einer Wanderung durch das Tal. Besonders empfehlenswert ist die in der Rundhütte am Eingang ausgeschenkte Piña Colada.

 3 km westl. von Viñales rechts in Richtung Dos Hermanas abbiegen, tgl. 9–19 Uhr

Cueva del Indio
| Tropfsteinhöhle |
Die wunderschöne, 1920 entdeckte Karsthöhle war bereits Tausende Jahre vor der Ankunft von Kolumbus von Menschen bewohnt. Durch das Aufstauen eines nahen Baches kann diese elektrisch beleuchtete Tropfsteinhöhle teilweise mit Motorbooten befahren werden.

Ctra. a Puerto Esperanza Km 33, tgl. 9–17 Uhr, 5 CUC für etwa 5 Min. Bootsfahrt

🍴 Restaurants

⑨ €€ | **Balcón del Valle** Typisch kreolische Küche direkt unter freiem Himmel, gleich neben dem Mirador Los Jazmines. Auf den Balkons kann man während des Essens die erstklassige Aussicht auf das Tal von Viñales genießen. ■ Ctra. de Viñales 241, Tel. 48 69 58 47, tgl. 8–22 Uhr

€€ | **Finca Agroecologica El Paraiso** Ein Tipp auch für Vegetarier ist die familienbetriebene biologische Finca mit Ausblick auf das Tal. Serviert wird kreolische Küche mit Betonung auf

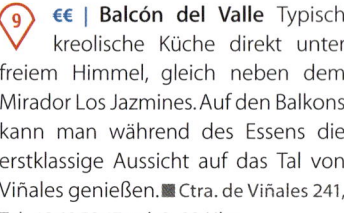

Das immergrüne Valle de Viñales wird dominiert von einzigartigen Karstformationen

selbst angebautem Gemüse. Dazu gibt es einen hauseigenen »Anti-Stress-Cocktail« auf Basis von Rum, Kokoswasser und Kräutern. ■ Ctra. al Cementerio Km 1,5, Tel. 48 68 47 80, tgl. 10.30–21 Uhr

 Erlebnisse

Finca Benito Auf der Tabakplantage zeigt der freundliche Benito – ein waschechter »veguero« – Gästen seinen Trockenschuppen, wo er ein paar der getrockneten Blätter auf einem Holzbrett zusammenrollt, im Anschluss anzündet und direkt zur Verkostung reicht. Wer auf den Geschmack gekommen ist, kann seine Zigarren auch käuflich erwerben. Dazu wird Kaffee mit einem Schuss Rum gereicht (Spende). Besonders lohnenswert ist das Ganze während der Tabaksaison von Dezember bis März. ■ Am westl. Ortsausgang

Jardin de Caridad Im Garten der beiden Schwestern Carmen und Caridad gibt es neben zahlreichen seltenen endemischen auch viele Pflanzen aus anderen Weltregionen zu bestaunen. Die exotischen Früchte und Kaffee aus Eigenanbau dürfen im Rahmen geführter Touren auch verkostet werden. ■ Salvador Cisneros No. 5, tgl. 8–18 Uhr, Spende erwünscht

 Wandern

Centro de Visitantes Parque Nacional Viñales Das Zentrum vermittelt geführte Touren in der Umgebung. Um das Tal richtig kennenzulernen, sollte man sich eine Wanderung nicht entgehen lassen. Viele Touren enthalten den Besuch bei einer Kaffee-Finca und einem Tabakbauern sowie Bademöglichkeiten. ■ Ctra. a Pinar del Río Km 2, Tel. 48 79 61 44, tgl. 8–18 Uhr

 In der Umgebung

Caverna de Santo Tomas
| Tropfsteinhöhle |

 Größtes erkundetes Höhlensystem Kubas

Etwa 18 km westlich von Viñales bei der Ortschaft Moncada erstreckt sich das mit 46 km umfangreichste Höhlensystem Kubas, das von entflohenen Sklaven einst als Versteck genutzt wurde. Bis 1954 war diese Höhle nur einigen Bauern bekannt, die hier Fledermauskot abbauten, um damit ihre Felder zu düngen. Die Gänge erstrecken sich über sieben Niveaus mit

einem Höhenunterschied von 65 m, die oberen drei Ebenen können im Rahmen geführter Touren betreten werden. Während der etwa zwei-stündigen Tour gibt es Stalagmiten und Stalaktiten, palmbewachsene Dolinen (Karsttrichter), unterirdische Pools und Fledermäuse zu sehen. Festes Schuhwerk und eine zusätzliche Taschenlampe empfohlen.

■ Tel. 48 68 12 14, tgl. 9–15 Uhr, 10 CUC

Cayo Jutias
| Strand |
Wer einen Ausflug mit dem Auto zum Strand unternehmen möchte, fährt 65 km in nördlicher Richtung über Minas de Matahambre zur Küste. Der mit Süßwasserduschen und einem Restaurant ausgestattete feinsandige Strand wird allen Erwartungen an ein karibisches Paradies gerecht. Während der Sommermonate ein beliebter Aus-flugsort der Bewohner von Pinar del Río, doch der Strand ist aufgrund der fehlenden Übernachtungsmög-lichkeiten auch dann nicht überfüllt.

Cayo Levisa
| Strand |
Die Insel bietet sich v.a. für einen Ta-gesausflug zum 3 km langen Traum-strand an, was sich relativ günstig im Rahmen einer geführten Tour von Viñales aus bewerkstelligen lässt. Da Kubaner eine spezielle Erlaubnis be-nötigen, um ein Boot zu besteigen, wird Cayo Levisa hauptsächlich von ausländischen Touristen besucht. Für die etwa 30-minütige Überfahrt mit der Fähre muss der Reisepass vorge-zeigt werden. Alternativ gibt es ein Taxiboot, welches über das Hotel (s.u.) auf der Insel gebucht werden kann. Übernachtungen sind in den Bunga-

lows des Hotels Villa Cayo Levisa (Tel. 48 66 21 61) möglich.

■ Abfahrt der Fähre 10 und 18 Uhr, Rückfahrt 9 und 17 Uhr, je Fahrt 10 CUC

Pinar del Río und Vuelta Abajo

Ausflüge ins berühmteste Tabak-anbaugebiet der Welt

 Information

■ Infotur, Martí No. 103, 20100 Pinar del Río, Tel. 48 72 86 16, www.cuba.travel/destinos/pinar-del-rio

Die Hauptstadt der gleichnamigen Provinz Pinar del Río wird auch »Stadt der Säulen« genannt. Der Tourismus spielt hier nur eine untergeordnete Rolle. Reisende schätzen sie eher als Ausgangspunkt für Ausflüge in das Herz des Tabaklandes Vuelta Abajo und in den äußersten Westen der Insel.

 Sehenswert

Palacio Guasch
| Architektur |
Griechische Säulen, korinthische Ka-pitelle, ägyptische Fantasiehiero-glyphen, gotische Tabernakel und maurische Vielpassbögen – für jeden Geschmack ist etwas dabei bei diesem hyper-eklektizistischen Bau aus dem Jahre 1909. Heute befindet sich hier das Naturkundemuseum.

■ Pinar del Río, Martí No. 227, Tel. 48 75 30 87, Mo–Sa 9–17 Uhr, 1 CUC

💰 **Einkaufen**

Casa Garay Guayabita del Pinar ist ein seit 1892 hergestellter Likör aus den

Das Sortieren frisch geernteter Tabakblätter erfordert Fingerspitzengefühl

Früchten des Guayabita-Strauchs. Hier können Besucher die Produktion bewundern (1 CUC) und ein Fläschchen erstehen. ■ Pinar del Río, Isabel Rubio Sur No. 189, Mo–Fr 9–15, Sa 9–12 Uhr

 In der Umgebung

San Luis und San Juan y Martinez
| Tabakzentrum |

Das Herz der Vuelta Abajo bilden diese beiden Gemeinden. Die roten Böden der Gegend bieten die besten Bedingungen für den Anbau von Tabak. Während San Luis sich auf die Kultivierung der Deckblätter von Edelzigarren spezialisiert hat, produziert San Juan y Martinez die beste Qualität für das Innenleben des begehrten Exportguts. Beide Orte haben sich einen Eintrag als geschützte Herkunftsbezeichnung (D.O.P.) gesichert. Die Finca Robaina hat sich zu einem Wallfahrtsort für Zigarrenliebhaber aus aller Welt entwickelt. Bei einer Besichtigung können auch Zigarren erworben werden. Alternativ lohnt ein Besuch auf der Finca Quemado de Rubi (S. 55).
■ Finca Robaina, Tel. 48 79 74 70, tgl. 9–17 Uhr, 2 CUC

10 Península de Guanahacabibes

Unberührte Natur und einsame Strände im UNESCO-Biosphärenreservat

i Information

■ Estacion Ecologica Guanahacabibes, 23300 La Bajada, Tel. 48 75 03 66, www. png.ecovida.cu

Die jungfräulich erscheinende Natur macht die nahezu menschenleere 1200 km² große Halbinsel Guanaha-

Noch wenig besucht: die Küsten der Halbinsel Guanahacabibes

cabibes am äußersten Westzipfel Kubas zu einem Sehnsuchtsort für alle Freunde des naturnahen Ökotourismus. Der 1987 zum UNESCO-Biosphärenreservat erklärte Nationalpark ist mit einer Fläche von 220 000 ha eines der größten Schutzgebiete Kubas. Es zeichnet sich v.a. durch seine unberührten Habitate und die relativ jungen tropischen Karstformationen mit unterirdischen Flusssystemen, Höhlen und mehr als 120 wassergefüllten Dolinen (»cenotes«) aus.

Die Trockenwälder und Savannen der Halbinsel beherbergen mehr als 700 verschiedene Pflanzenarten. Endlose Mangroven wechseln sich ab mit 20 feinsandigen Stränden mit reinstem Quarzsand von insgesamt 15 km Länge. 60 Tauchspots in den unberührten, vorgelagerten Korallenbänken können mit mehr als 20 versunkenen

Schiffswracks und der größten Kolonie von Schwarzen Korallen in Kuba aufwarten. Dank eines seit knapp 50 Jahren geltenden Fischfangverbots gelten die Gewässer um die Halbinsel als die fischreichsten des Landes. Die Strände werden von seltenen Meeresschildkrötenarten zur Eiablage aufgesucht. Handzahme Riesenleguane mit einer Körperlänge von bis zu 2 m können hier ebenso beobachtet werden wie die hummelartige Bienenelfe – eine winzige Kolibri-Art und einer der kleinsten Vögel der Welt. Im Winter ist die Halbinsel eine beliebte Zwischenstation für Zugvögel.

Der Park darf nur in Begleitung eines Parkführers betreten werden. Der Eintritt in den Park kostet 10 CUC (Reisepass und Bargeld mitführen). Die Biologische Station sollte vor der Ankunft kontaktiert werden.

Sehenswert

María La Gorda
| Strand |

Der feinsandige, palmengesäumte Strand, 14 km südlich vom Ort La Bajada mit der biologischen Station, gilt als einer der schönsten Kubas. Benannt ist er nach der »dicken Maria«, einer Venezolanerin, die der Legende nach einst in dieser Gegend von Piraten ausgesetzt wurde und strandete. Heute befindet sich hier ein Hotel mit Bungalowanlage und Tauchbasis (Villa María La Gorda, S. 55), das Entspannung in der völligen Abgeschiedenheit verspricht.

 Verkehrsmittel

Auf der fast unbewohnten Halbinsel gibt es keinerlei öffentliche Verkehrsmittel. Cubanacan bietet tgl. Transfers von Viñales nach María La Gorda an (Fahrtzeit 3 1/2 Std.). Wer das Infozentrum in La Bajada passiert hat und weiter ins Schutzgebiet hineingelangen möchte, benötigt ein eigenes Auto. Daher empfiehlt sich die Anreise im Mietwagen.

 Sport

Centro Internacional de Buceo María La Gorda 200 m vom Strand entfernt finden sich Reste einer gesunkenen spanischen Galeone. Es herrschen erstklassige Bedingungen für Unterwasserfotografie, häufig sind Walhaie vor Ort. Auch Boote mit Skipper zum Hochseeangeln können gechartert werden. ■ Im Hotel (S. 55), Tel. 48 77 81 31, Tauchgänge mit/ohne Equipment 49/35 CUC, Angelausflüge 4–8 Std. 250–350 CUC zzgl. 30 CUC pro Begleitperson

 Wandern

Geführte Wanderungen werden von der Estacion Ecologica (S. 51) organisiert. zum Angebot zählen hier u.a. Ausflüge in die Cueva las Perlas (1,5 km, 8 CUC) und spannende Nachtwanderungen zur Eiablage der Meeresschildkröten (Mai–Okt.).

11 Isla de la Juventud

Naturbelassenes Taucherparadies abseits des Massentourismus

 Information

■ Ecotur, Calle 39 e/ 28 y 30, 25300 Nueva Gerona, Tel. 46 32 71 01, www.cubatravel.cu, www.isladela juventud-cuba.com

Die sechstgrößte Insel der Karibik ist unter vielen Namen bekannt. Die ursprünglichen Bewohner nannten sie »Siguanea«, bevor Kolumbus ihr den Namen »La Evangelista« gab. Die Tatsache, dass Francis Drake und Henry Morgan die im Piratenjargon als »Parrot Island« bezeichnete Insel regelmäßig besuchten, inspirierte Robert Louis Stevenson zu seinem Roman »Die Schatzinsel«. Für die spanischen und später die kubanischen Machthaber war die »Isla de Piños« vor allem ein Ort, an dem sie Regimegegner sicher verwahren konnten. Nach der Revolution kamen Tausende Jugendliche aus aller Welt in die heute verwaisten Internatsschulen auf der Insel, um als Erntehelfer in den hiesigen Zitrusfruchtplantagen zu arbeiten. Damals erhielt die Insel ihren heutigen Namen Isla de la Juventud (Insel der Jugend). Aufgrund ihres politischen

*Anziehungspunkt für Strandfreunde:
Isla de la Juventud*

Sonderstatus und ihrer Abgelegen-
heit versprüht die Insel, von der ein
großer Teil heute militärisches Sperr-
gebiet ist, teilweise noch immer den
maroden Charme des kubanischen
Sozialismus der 1980er-Jahre. Heute
ziehen naturbelassene Strände, darunter der einzige mit dunklem Sand in
Kuba, und 50 Tauchplätze entlang ki-
lometerlanger, intakter Riffe mit über
20 subaquatischen Höhlen und Tunneln Individualtouristen an.

 Sehenswert

Presidio Modelo
| Freiluftmuseum |
Das Modellgefängnis wurde nach
dem Vorbild des Joliet State Prison in
den USA erbaut. Der Bau folgte dem

Konzept des »Panopticon«-Modells:
Hunderte Zellen konnten gleichzeitig
von einem zentral positionierten, be-
waffneten Wärter eingesehen werden,
welcher so in der Lage war, knapp 600
Gefangene auf einmal in Schach zu
halten. Die berühmtesten Insassen
waren zweifelsohne die Castro-Brüder,
die hier nach dem Überfall auf die
Moncada-Kaserne von 1953 bis 1955
inhaftiert waren.
■ Reparto Delio Chacón, Tel. 46 32 51 12,
Mo–Sa 8–16, So 8–12 Uhr, 2 CUC

12 Cayo Largo
*Abgelegene Strandidylle und Taucher-
paradies für Pauschaltouristen*

 Information

■ Cubatur (Sol Pelícano Hotel), 12345
Cayo Largo, Tel. 45 24 82 58, www.cuba
travel.cu, www.cayolargo.net

Der nur 25 km lange und an seiner
breitesten Stelle 6,5 km breite Cayo
Largo del Sur ist beinahe durchge-
hend von feinkörnigen, weißen Sandstränden umgeben, von denen einige
zu den traumhaftesten unberührten
Stränden der Welt zählen. Da es keine
permanente Bevölkerung gibt, ist die
Insel ein Refugium für Leguane und
Meeresschildkröten. Die Infrastruktur
mit acht Hotels gehobenen Stan-
dards, Jachthafen und Tauchbasis ist
vollständig auf die Bedürfnisse aus-
ländischer Touristen zugeschnitten.
Eine nahezu ungestörte Unterwasserwelt mit 32 Tauchplätzen, über 200
Schiffswracks und besten Sichtver-
hältnissen macht den Ort zu einer
der spektakulärsten Tauchdestinatio-
nen der Karibik.

Übernachten

Der äußerste Westen Kubas ist ein Zentrum des Individualtourismus. Entsprechend groß ist das Angebot an Privatunterkünften. Mit Ausnahme von Cayo Largo ist die Hotelinfrastruktur hingegen relativ dürftig, was Kapazität und Komfort angeht. In Touristenhochburgen wie Viñales kommt es hin und wieder vor, dass sämtliche Unterkünfte ausgebucht sind. Generell ist es empfehlenswert, die Unterkunft im Vorfeld der Anreise zu reservieren.

Las Terrazas 42

€–€€€ | Hotel Moka Der Tourismuskomplex Las Terrazas umfasst verschiedene Formen der Unterbringung – vom naturnahen Vier-Sterne-Hotel mit Aussicht und Pool, über Pensionen in der Kommune bis hin zu rustikalen Cabañas mit Gemeinschaftsbad direkt bei den Baños de San Juan. ■ Autopista Artemisa Km 52,5, Tel. 48 57 87 00, www.lasterrazas.cu

Soroa 44

€€ | Villa Soroa Die hübsche, von Bergen eingerahmte Anlage mit Pool bietet einfache klimatisierte Bungalows mit Bad und Terrasse. Dazu gehört mit dem **Castillo de las Nubes** auch ein jüngst restauriertes Boutiquehotel mit sechs Zimmern, Pool und herrlichem Ausblick. ■ Ctra. a Soroa Km 8, Tel. 48 52 35 56, www.cubanacan.cu

Valle de Viñales 47

€ | Casa Daniel y Martica Etwa 1 km abseits des Zentrums direkt bei einem Bauernhof gelegene Unterkunft, drei Doppelzimmer mit separatem Eingang, Veranda und Terrasse mit schönem Garten. ■ Viñales, Ctra. del Cementerio Km 1, Tel. 48 68 41 61

€ | Casa Jardin Botanico Direkt im Jardin de Caridad (S. 49). Zwei Zimmer mit großen Doppelbetten, separatem Bad und Eingang, Terrasse, Bar. ■ Jardin de Caridad, Tel. 48 79 62 74

Guanahacabibes 51

€€ | Villa María La Gorda Traumhaft am Strand gelegenes Hotel mit zahlreichen Cabañas, Restaurant und Tauchbasis. Die Sandflöhe können nach Sonnenuntergang allerdings sehr lästig werden. ■ 14 km südl. von La Bajada, Tel. 48 77 80 77, www.gaviotahotels.com

ADAC *Das besondere Hotel*

Seit Hector Luis Prieto 2008 als Lieferant des besten Tabaks Kubas prämiert wurde, nennt man ihn »Hombre Habano«. Auf seiner **Finca Quemado de Rubi** werden Führungen angeboten, es gibt eine Bar mit Restaurant. Die Finca bietet Platz für vier Schlafgäste in einer hübschen Cabaña mit Bad. *€€ | San Juan y Martinez, Ctra. Obeso Km 19, Tel. 58 20 38 39, www.hectorfinca.com*

Zentralkuba: koloniales Erbe und Traumstrände

Die malerischen Küsten und Altstädte in der Landesmitte gehören zu den wichtigsten touristischen Highlights der Insel

Dem Landesinneren zwischen Havanna und Oriente schenkten die Spanier lange Zeit kaum Beachtung, bis der Zuckerboom diesem Landesteil seinen Stempel aufdrückte. Die prunkvolle Architektur und das aristokratische Flair der Städte prägen die Region ebenso wie das Erbe der Sklaverei. Wie eine Perlenschnur reihen sich an der Küste Hunderte, vorgelagerte Inseln aus feinem Sand und Korallenablagerungen aneinander. Die Korallenbänke der Jardines del Rey sind Teil des weltweit drittlängsten tropischen Riffsystems. Das trockene Landesinnere ist die Heimat der »vaqueros«, wie die Viehzüchter auf Kuba genannt werden.

In diesem Kapitel:

ADAC Top Tipps:

 3

Varadero
| Strand |
Weltberühmtes Urlaubsparadies auf einer Halbinsel mit idealer Infrastruktur für tolle Strandtage. 59

 4

Cienfuegos
| Architektur |
Die Paläste einstiger Zuckerbarone an großzügigen Boulevards begründen den Ruf der »Perle des Südens«. 62

5

Topes de Collantes
| Nationalpark |
Abwechslungsreiche Wanderwege gespickt mit Wasserfällen und natürlichen Pools. 66

ADAC Empfehlungen:

Sinnbilder des karibischen Badetourismus: die Hotelanlagen von Varadero

13 Matanzas

Klassizistische Architektur und idyllisches Umland ohne Touristenrummel

 Information

◼ Infotur, Calle 83 esq. Calle 290, direkt am Parque Libertad, 40100 Matanzas, Tel. 45 25 31 62

Der malerisch in der Bahía de Matanzas gelegene Hafen war im 19. Jh. Kubas wichtigster Umschlagort für Sklaven. Ein Viertel der weltweiten Zuckerproduktion wurde einst von hier verschifft, und das kulturelle Leben konkurrierte mit dem von Havanna. Auch wenn der Glanz des einstigen »Athen Kubas« heute vom Grau der 140 000 Einwohner zählenden Industriestadt überlagert wird, lohnen die architektonischen Zeugnisse der goldenen Zeiten und einige Ausflugsziele in der näheren Umgebung der Stadt einen Besuch.

 Sehenswert

Plaza de la Vigia
| **Architektur** |
An der ehemaligen Plaza de Armas, wo die Stadt 1693 gegründet wurde, zeugen prachtvolle klassizistische Bauten vom einstigen Reichtum der Stadt, so z. B. das 1863 gebaute und einst größte Theater Kubas Teatro Sauto und der Palacio de Junco von 1838.

Botica Triolet
| **Museum** |
Die Jugendstil-Einrichtung der 1882 eröffneten französischen Apotheke ist noch immer original erhalten. Zahlrei-

che historische Exponate und medizinische Instrumente wurden für das 1964 hier eingerichtete pharmazeutische Museum zusammengetragen.

■ Calle 83 No. 4951, tgl. 9–17 Uhr, 3 CUC

 In der Umgebung

Mirador de Bacunayagua
| Aussichtspunkt |

Die Bar gleich neben der mit 110 m Höhe und 314 m Länge größten Brücke Kubas ermöglicht einen tollen Ausblick über das 14 km westlich von Matanzas gelegene Valle de Yumuri. Die vom deutschen Naturforscher Alexander von Humboldt euphorisch als das »schönste Tal der Welt« beschriebene Naturlandschaft ist bis heute kaum erschlossen.

■ Puente de Bacunayagua, Tgl. 9–18 Uhr

Cuevas de Bellamar
| Tropfsteinhöhle |

Das 300 000 Jahre alte Höhlensystem wurde 1861 zufällig von chinesischen Arbeitern entdeckt und als eine der ersten Touristendestinationen des Landes der Öffentlichkeit präsentiert. Mit seinen gewaltigen Stalaktiten und Stalagmiten, unterirdischen Sälen und Galerien auf über 23 km Länge gilt es als eines der spektakulärsten Höhlensysteme Kubas.

■ Ca. 5 km östl. von Matanzas, Tel. 45 25 35 38, tgl. 9–17 Uhr, 5 CUC

Varadero

 Endlose feinsandige Strände – ein Urlaubsparadies

i **Information**

■ Infotur, Av. 1era esq. 13, Tel. 45 66 29 61 (-66), 42200 Varadero, www.varadero.travel, tgl. 9–19 Uhr

Der heute größte Badetourismuskomplex in der gesamten Karibik wurde ab Ende des 19. Jh. als erste bedeutende Urlaubsdestination Kubas erschlossen und avancierte bald zum Lieblingsbad nordamerikanischer Pauschaltouristen und Mafiosi. Nach der touristischen Flaute infolge der Revolution wurde das 20 000 Einwohner zählende Städtchen ab den 1990er-Jahren wieder zum Zugpferd des Devisen einbringenden Tourismus in Kuba. Für die Zufahrt zu den auf einer Halbinsel gelegenen Stränden und Hotelkomplexen wird eine Maut erhoben (2 CUC pro PKW), daher bleiben die internationalen Touristen hier weitgehend unter sich.

◉ **Sehenswert**

Mansion Xanadú
| Architektur |

Die 1929 im Hacienda-Stil in bester Strandlage errichtete Villa gehörte einst dem Industriemagnaten DuPont und kann besichtigt werden. Der da-

ADAC *Mobil*

Autofahrer machen hin und wieder unschöne Bekanntschaft mit den häufig vorkommenden **Truthahngeiern**. Sie halten sich mit Vorliebe auf den Fahrbahnen auf, wo Wildunfälle für reichlich Nahrung sorgen. Einheimische steigen bei deren Anblick oft abrupt auf die Bremse, denn die Wucht eines aufgeschreckten »aura tiñosa« kann durchaus die Windschutzscheibe zerschlagen.

mals angelegte Golfplatz war der erste auf der Insel und ist heute einer der wenigen bespielbaren Plätze in Kuba. Ein Hotel mit Restaurant wendet sich vor allem an gut betuchte Gäste.

 Autopista Sur Km 8, Führungen tgl. ab 10 Uhr; Golfplatz, www.varaderogolf club.com, 9/18 Loch Parcours für 48/ 100 CUC, Kurse 30 CUC

✳ Erlebnisse

SkyDive Varadero Fallschirmspringen direkt über dem Strand aus 1500–3000 m Höhe mit einer Antonow AN-2 oder Helikoptern. Solo-/Tandemsprünge kosten 30/190 CUC; ein Video vom Sprung gibt's gegen Aufpreis. ■ Ctra. Via Blanca Km 1 (beim alten Flughafen), www.skydivingvaradero.com

Im Blickpunkt

Vogelparadies Kuba

Neben der Landbrücke zwischen Nord- und Südamerika ist der karibische Inselbogen die zweite Hauptroute des saisonalen panamerikanischen Vogelzugs. Gerade in den Wintermonaten gesellen sich Zugvögel zur ohnehin artenreichen endemischen Fauna. Der enge insulare Korridor und die zusammenhängenden naturbelassenen Landschaften machen die Insel zu einem Mekka der Vogelbeobachtung. Zu den wichtigsten einheimischen Vögeln zählen der »cartacuba« (Vielfarbentodi), zahlreiche Kolibriarten wie die Bienenelfe (»zunzuncito«) und natürlich der »Tocororo« (Kubatrogon), der aufgrund der Färbung seines Gefieders in den kubanischen Nationalfarben zum Nationalvogel erklärt wurde.

15 Península de Zapata und Bahía de los Cochinos

Geschütztes Sumpfgebiet und Schauplatz der Schweinebucht-Invasion

ℹ Information

 Cubanacán, Raststätte La Finquita, Autopista Km 142, 43000 Central Australia, Tel. 45 91 32 24, tgl. 8–20 Uhr

Die Panzersperren an den Rändern der Autobahn zeugen bis heute von der strategischen Bedeutung der Gegend, wo sich 1961 mit der Abwehr der Schweinebucht-Invasion nach offiziellem Wortlaut »die erste Niederlage des Imperialismus auf lateinamerikanischem Boden« ereignete. Naturliebhaber schätzen die unzugängliche Wildnis der Sümpfe und Wälder auf der menschenleeren Península de Zapata. Das östliche Ufer der Bucht ist von Karst geprägt: Über 30 km erstreckt sich eine mit Korallen und Schwämmen bewachsene, 30 m tiefe Abbruchkante. Schnorchler und Höhlentaucher zieht es hier zum größten zusammenhängenden Unterwasserhöhlensystem Lateinamerikas mit zahlreichen »cenotes« (Dolinen).

👁 Sehenswert

Boca de Guamá
| Krokodilfarm |
Auf Kubas größter Krokodilfarm, wo u. a. das vom Aussterben bedrohte Kubanische Krokodil für die Auswil-

Das Museum in Playa Girón informiert über die historische Schweinebucht-Invasion

derung gezüchtet wird, können Besucher die verschiedenen Stadien der Aufzucht begutachten. Von hier verkehren Boote (12 CUC) zur 8 km entfernten Laguna del Tesoro. Wer die einmalige Stimmung in den frühen Morgen- und späten Abendstunden genießen möchte, sollte in der schönen Dschungel-Lodge Villa Guamá (S. 84) die Nacht verbringen.

■ Ctra. a Playa Larga Km 18, Tel. 45 91 56 66, Mo–Sa 9–16 Uhr, 5 CUC

Gran Parque Natural Montemar
| Nationalpark |
Der Park befindet sich in der Kernzone des größten insularen Sumpfgebiets der Karibik und ist UNESCO-Biosphärenreservat, dessen ausgedehnte Wälder, Mangrovensümpfe und Feuchtwiesen Lebensraum für über 900 Pflanzenarten, 171 Vogelspezies sowie 31 Reptilien- und 12 Säugetierarten bieten. Der Besuch des Parks zur Vogelbeobachtung oder für Angeltouren ist nur mit einem Führer möglich, die über die Nationalparkverwaltung (an der Hauptstraße am nördlichen Ende von Playa Larga) organisiert werden.

■ Playa Larga, Tel. 45 98 72 48, Mo–Sa 8–16 Uhr, Voranmeldung und eigenes Fahrzeug notwendig

Cueva de los Peces
| Cenote |
Da der mit 70 m tiefste »cenote« (Karsttrichter oder Doline) in Kuba Teil eines mit dem Meer verbundenen Höhlensystems ist, leben in seinem kristallklaren Wasser sowohl Salz- als auch Süßwasserfische. Bademöglichkeiten, Tauchbasis und Bar.

■ 16 km nordwestl. von Playa Girón, tgl. 9–17 Uhr, 1 CUC

ADAC *Wussten Sie schon?*

Die **Ernst-Thälmann-Insel** wurde 1972 symbolisch dem Volk der DDR – des damals zweitwichtigsten Handelspartners Kubas – geschenkt. Schlagerstar Frank Schöbel besang die Insel, eine Büste des ehemaligen KPD-Chefs wurde am Strand des Cayos aufgestellt. Die Frage nach eventuellen Rechtsansprüchen der Bundesrepublik auf Grundlage des deutschen Einigungsvertrags wies Maximo Lider Fidel Castro 1990 schroff zurück.

Playa Girón
| Strand |

Dieser weltberühmte Strand war mit der gescheiterten Invasion in der Schweinebucht Schauplatz eines Ereignisses, das in Kuba quasi zur Staatsräson gehört. Hauptgrund für das Scheitern der Invasion war der Widerstand der örtlichen Bevölkerung, die hauptsächlich aus verarmten Köhlern bestand. Über deren elende Lebensbedingungen und die Verbesserungen während der Revolution informiert das gegenüber dem Hotel Playa Girón gelegene Museum. Außerdem erfahren Besucher Wissenswertes über die Kampfhandlungen selbst. ■ Museum, tgl. 9–17 Uhr, 3 CUC

Cafés

Finca Fiesta Campesina Eine der besten Raststätten im Zentrum des Landes. Das parkähnliche Gelände mit zahlreichen Tiergehegen beherbergt mehrere Häuschen, deren Angebot von warmen Snacks über frisch gepressten »Guarapo«-Zuckerrohrsaft bis zum wahrscheinlich besten Cappuccino der Insel reicht. ■ Autopista Km 142 (100 m nach dem Abzweig nach Australia rechts), Tel. 45 91 20 45, tgl. 9–17 Uhr

Sport

Caleta Buena Die geschützte Bucht mit ruhigem Wasser, Sandstränden und vielen Fischen ist ein Highlight für Schnorchler. Zum Angebot zählen außerdem ein Restaurant, eine Tauchbasis, Massagen. ■ 8 km östl. von Playa Girón, tgl. 10–17 Uhr, 15 CUC (Buffet und Drinks inkl.), Schnorchelausrüstung 3 CUC

16 Cienfuegos

 Mondänes Architektur-Ensemble: Paläste mit Meerblick

Information

■ Infotur, Av. 54 e/ 29 y 31, 55100 Cienfuegos, Tel. 43 55 88 40, www.cienfuegos.travel, tgl. 9–18 Uhr

Die »Perle des Südens« gilt als eine der Städte mit der besten Lebensqualität in Kuba. Die 170 000 Einwohner zählende Stadt mit einem für die kubanische Wirtschaft wichtigen Hafen wurde vor 200 Jahren von frankophilen Siedlern an einer Landspitze in der drittgrößten Bucht des Landes gegründet. Um die Mitte des 19. Jh. entwickelte sich das Hinterland zum bedeutendsten Zuckeranbaugebiet der Insel. Nun zahlte es sich aus, dass die Stadtplaner von Beginn an Wert auf breite Boulevards und Plätze gelegt hatten. An den Flaniermeilen ließen sich die Zuckerbarone mondäne Paläste bauen, und zwar jeder nach seinem persönlichen Geschmack. Der

Zuckerrohrexport-Boom ist längst passé, seine zum UNESCO-Weltkulturerbe erklärte, steingewordene Pracht verzaubert bis heute die Besucher.

 Sehenswert

Parque Jose Martí
| Platz |

Der großzügig angelegte Platz mit Hibiskusbäumen und einem Glorietta-Pavillon in der Mitte gilt als einer der schönsten des Landes. An der westlichen Ecke sticht der labyrinthische Bau des Palacio Ferrer mit seinem Eckturm hervor, der bestiegen werden kann (9–17 Uhr, 1 CUC). Rechts daneben befindet sich der einzige Triumphbogen Kubas. Die 1903 geweihte Kathedrale am östlichen Rand des Platzes verfügt im Inneren über Fenster aus Frankreich mit Darstellungen der

Zwölf Apostel. An der südwestlichen Ecke des Platzes schließen sich mit dem Boulevard Avenida 54 und der Calle 29 die beiden bedeutendsten Fußgängerzonen der Stadt an.

Teatro Tomas Terry
| Theater |

 Original erhaltenes Interieur aus den 1950er-Jahren

Das 1889 fertiggestellte Theater am nördlichen Ende des Parque Martí ließ José Emilio Terry zu Ehren seines Vaters Tomas errichten, der als Einwanderer nach Cienfuegos kam und hier mit Zuckeranbau und Sklavenhandel ein Vermögen machte. Sehenswert ist die seit Mitte des 20. Jh. unveränderte hölzerne Innenausstattung, die einst Platz für 900 Zuschauer bot.
■ Av. 56 No. 2703, Tel. 43 51 33 61, tgl. 9–18 Uhr, 5 CUC

Palmen spenden Schatten auf der weitläufigen Plaza de Armas in Cienfuegos

Prado – Malecón
| Flaniermeile |
Die in den Abendstunden sehr belebte, säulenbestandene Calle 37 geht nahtlos in die Uferpromenade über, die weniger betriebsam ist als das Pendant in Havanna. Entlang der Straße sind zahlreiche architektonische Schätze und Bronzestatuen wichtiger Persönlichkeiten der Stadtgeschichte zu bestaunen, u. a. die des »größten Soneros aller Zeiten« Beny Moré (Ecke Av. 54), der mit seinem Rhythmusgefühl und seiner Big Band stilprägend für die spätere Salsa-Musik war.

Punta Gorda
| Halbinsel |
Kurz nach Übergang des Malecón zur Halbinsel Punta Gorda erheben sich auf der Westseite der hübsche Palacio Azul (heute ein Hotel) und der benachbarte imposante Club Nautico (heute Club Cienfuegos). Je weiter man auf die Landzunge hinausfährt, desto deutlicher prägen Holzhäuser die Architektur, die einst als Fertigbaukästen aus Louisiana hierher importiert wurden. Besonders schön ist es, in den Abendstunden direkt am Wasser zu spazieren.

Palacio del Valle
| Architektur |
Der Bauherr dieses im Neo-Mudéjar-Stil errichteten Palasts ließ eigens Handwerker aus Marokko, Italien und Frankreich einschiffen, um an Ort und Stelle einen Palast wie aus »Tausendundeiner Nacht« zu errichten. Der Stilmix im Inneren des Gebäudes steht dem imposanten Äußeren in

Ein Hauch von »Tausendundeiner Nacht« auf Kuba: der Palacio de Valle

ADAC *Spartipp*

Wer die Kosten für das Restaurant Villa Lagarto sparen möchte, kann alternativ im Park an der Spitze der Punta Gorda (Zugang kostenlos) zu Abend essen. Der **Kiosk El Lagarto** serviert einen der besten Mojitos Kubas und verkauft Snacks, aus denen sich ein kleines Menü zusammenstellen lässt, das man im Pavillon zum Sonnenuntergang genießen kann.

nichts nach: edle Marmorböden, arabeske Kunstwerke, gekachelte Wände und filigrane »Yeseria«-Arbeiten in Stuck. Auf der Dachterrasse, wo einst rauschende Bälle gefeiert wurden, lässt sich bei einem Drink ein Rundumblick über die Bucht genießen. In der Ferne ist mit dem Castillo de Jagua die drittwichtigste Festung Kubas ebenso zu erkennen wie das niemals in Betrieb genommene einzige Atomkraftwerk der Insel. ■ Calle 37 esq. Av. 2, tgl. 10–23 Uhr, 2 CUC (inkl. Drink)

 Restaurants

€–€€ | **Restaurante Doña Nora** Kubanische und internationale Küche, flotter Service. Balkon mit Blick auf den Prado, manchmal gibt es Livemusik. ■ Calle 37 No. 4219 e/ 42 y 44, Tel. 43 52 33 31, tgl. 12–23 Uhr

€€€ | **Restaurante El Lagarto** Fantastisches Ambiente einer Gartenlandschaft mit Terrassen und Stegen direkt am Ende der Landspitze Punta Gorda. Die Innenräume sind mit viel Liebe dekoriert und die Küche steht dem in nichts nach. ■ Calle 35 No. 4B, Tel. 43 51 99 66, tgl. 12–22 Uhr

 Einkaufen

Auf dem **Kunsthandwerkermarkt** in der Calle 29 herrscht nicht so viel Gedränge wie in den engen Gassen von Trinidad, aber mit Ausnahme der Textilstickereien gibt es ein ähnliches Angebot, meistens zu günstigeren Preisen. ■ Tagsüber

 Kneipen, Bars und Clubs

Te Quedarás Luxuriöse Restobar mit eklektischem Ambiente, kreativer Auswahl an Speisen, vielseitigen Cocktails und Balkon mit Blick auf den Boulevard. ■ Av. 54 No. 3509 e/35 y 37, tgl. 12–24 Uhr

 Erlebnisse

Marina Marlin Rundfahrten per Boot durch die Bucht mit Barbetrieb. Besonders schön zum Sonnenuntergang. ■ Av. 6 esq. 35, Tel. 43 55 61 20, 18 CUC

 In der Umgebung

Jardín Botánico La Soledad
| Botanischer Garten |

 Größter und ältester botanischer Garten der Insel

Der 1901 vom ersten US-amerikanischen Zuckerbaron auf der Insel, Edwin Atkins, gegründete Garten, 15 km östlich der Stadt, war ursprünglich für Zuchtstudien an verschiedenen Zuckerrohrsorten gedacht. Unter den knapp 1500 Pflanzengattungen aus allen Kontinenten sticht der wunderbare alte Baumbestand hervor. Mehr als 300 verschiedene Palmenarten (darunter über 60 endemische), 90 verschiedene Würgefeigen und 20 Bambusarten vereint der Park auf 96 km².

ADAC *Mobil*

An den küstennahen Landstraßen an der zentralen Südküste kommt es in den Monaten März und April zu **Wanderungen von Tausenden Krabben** zum Meer. Die Tiere verharren bei herannahender Gefahr an Ort und Stelle und heben bedrohlich die Scheren in Richtung des vermeintlichen Angreifers – ein Verhalten mit verheerenden Konsequenzen. Um eine Reifenpanne zu vermeiden, sollten Autofahrer in diesen Abschnitten am besten stets Schrittgeschwindigkeit fahren.

Einstündige Touren zeigen die spektakulärsten Exemplare. Besonders schön ist der Besuch im Sommer und Herbst, wenn zahlreiche Bäume exotische Früchte tragen, die die Besucher dann verkosten dürfen. Am Ende des Spaziergangs wartet eine Bar mit kühlen Getränken (z. B. frisch geöffnete Kokosnuss) und Snacks.

■ Pepito Tey, Tel. 43 54 51 15, tgl. 8–16 Uhr, 2,50 CUC

17 Topes de Collantes

 Einzigartige Naturräume mit Wasserfällen und Naturpools

Information

■ Centro de Informaciones, 60147 Topes de Collantes, Tel. 42 54 01 17, www.gaviota-grupo.com, tgl. 8–19 Uhr

Die Sierra del Escambray mit dem Nationalpark Topes de Collantes ist mit Erhebungen von über 1100 m Kubas zweithöchstes Gebirge. Niederschläge sammeln sich an den steil aufragenden Flanken, nähren Bergregenwälder und speisen zahlreiche Bäche, die sich an vielen Stellen kaskadenartig in das umliegende Tiefland ergießen. Die Hänge, Höhlen und schmalen Täler bieten Platz für zahlreiche verschiedene Ökosysteme auf engstem Raum. Dementsprechend hoch ist die Zahl der hier lebenden endemischen Arten in Flora und Fauna. Das angenehm kühle Mikroklima sorgte für den Aufbau des im Zentrum des Parks gelegenen Kurhotels Kubas, das nicht sehr empfehlenswerte Hotel Escambray.

Verkehrsmittel

Von drei Zugängen zum Park ist lediglich die steile, serpentinenreiche Route nach Süden (Abzweig von der Küstenstraße Cienfuegos–Trinidad) in einem akzeptablen Zustand. Am einfachsten ist die Anfahrt mit einem Taxi von Trinidad.

Wandern

Das Informationszentrum vermittelt Führer für Wanderungen und Reitausflüge im Park. Zahlreiche beschilderte Wanderwege können auch ohne Führer erkundet werden, jedoch muss stets eine Parkgebühr (ca. 10 CUC) entrichtet werden. Zu den wichtigsten Wanderrouten zählt der Weg zum **Salto de Caburní** (3 km, 300 Höhenmeter) mit einem Naturschwimmbecken unterhalb des zweithöchsten Wasserfalls Kubas. Ein weiterer Weg (2,5 km) führt über die von einem unterirdischen Fluss durchströmte **Höhle La Batata** (Naturpool) zur Hacienda Codina mit einer Cafeteria, Orchideengarten und Bambushain.

Der Wasserfall El Nicho lädt zu einem entspannten Badetag ein

 In der Umgebung

El Nicho
| Wasserfall |

Beim Anblick von El Nicho fühlt sich manch ein Besucher ins irdische Paradies versetzt: Dutzende beeindruckende Wasserfälle gießen inmitten üppiger Vegetation ihr quellfrisches Wasser in eine Serie von natürlichen Becken, deren Inhalt aufgrund des kalkhaltigen Gesteins türkisblau schimmert. Ein 2 km langer Rundweg bietet fantastische Ausblicke, ein kleines Restaurant sorgt für das leibliche Wohl. Die Anreise mit dem Auto gestaltet sich am einfachsten über den Ort Cumanayagua, wo auch öffentliche Verkehrsmittel nach Cienfuegos (S. 62) sowie Sammeltaxis nach El Nicho verkehren.
■ Tgl. 8.30–18.30 Uhr, 10 CUC

Lago Hanabanilla
| Stausee |

Die Arbeiten zur Schaffung des 32 km² großen Stausees für das bis heute einzige Wasserkraftwerkprojekt in Kuba wurden im Jahr 1963 erfolgreich abgeschlossen. Heute dient die idyllische Gegend auf 300 m Höhe am Nordrand der Sierra del Escambray in erster Linie als Ausflugsort für Erholung suchende Angler und Wanderer, welche die mystische Stimmung und die ländliche Idylle rund um Kubas einzigen Gebirgssee schätzen. Das am nördlichen Ufer gelegene Plattenbau-Hotel Hanabanilla bietet einfache Übernachtungsmöglichkeiten und organisiert interessante Halbtagsausflüge in die Umgebung.
■ Zufahrt über die nördl. gelegene Ctra. Cumanayagua; Hotel Hanabanilla, Tel. 42 20 84 61

18 Trinidad

Stadt voller kolonialer Romantik und Lebensfreude

![Kunterbunte Wohnhäuser zieren die Gassen in Trinidads Altstadt aus dem 16. Jh.]

Kunterbunte Wohnhäuser zieren die Gassen in Trinidads Altstadt aus dem 16. Jh.

 Information

■ Infotur, Gustavo Izquierdo No. 101 e/
Simón Bolivar y Piro Guinart, 62600 Trinidad, Tel. 41 99 82 57 58, www.trinidad
decuba.travel

 *Einmaliges Ensemble kolonialer
Bauwerke und Weltkulturerbe*

Obwohl bereits die dritte spanische
Stadtgründung auf Kuba, fristete Trinidad lange ein Dasein als Schmugglernest, bis der einsetzende Zuckerboom
Ende des 18. Jh. der Stadt eine 100 Jahre während Epoche immensen Wohlstands bescherte. Nachdem Trinidad
infolge der Auseinandersetzungen
um die Unabhängigkeit und die Abschaffung der Sklaverei den Anschluss
an den Weltmarkt verloren hatte, fiel es
in eine Art Dornröschenschlaf. Weder
elektrisches Licht noch moderne Kanalisation oder asphaltierte Straßen
erreichten Trinidad bis Mitte des 20. Jh.
Denkmalschützer erkannten rechtzeitig das touristische Potenzial und leiteten eine Phase der Restaurierung ein,
die 1982 in der Anerkennung als Weltkulturerbe mündete. Seitdem wird
die etwa 60 000 Einwohner zählende
Stadt von Touristen und Sprachstudenten aus aller Welt besucht. Der
Fremdenverkehr sorgt für die Haupt-

Plan
S. 71

Bilderbuchszenerie wird maßgeblich geprägt von den bunt gestrichenen Fassaden der umliegenden Paläste der Zuckerbarone. Am östlichen Ende öffnet sich der Blick zu einer Freitreppe, die zum Kulturzentrum Casa de la Musica (S. 71) führt.

② Palacio Sanchez-Iznaga
| Museum |

Das Gebäude, dessen älteste Teile auf das Jahr 1738 zurückgehen, ist in Grundriss und Ausführung typisch für die Architektur eines kreolischen Herrenhauses. Das Museo de Arquitectura zeigt hier anhand von Modellen, Skizzen und typischen Exponaten die Eigenheiten kubanischer Architektur. Prunkstück ist eine Dusche von 1902.

■ Ripalda No. 83, Do–Di 9–17 Uhr, 1 CUC

③ Iglesia Parroquial de la Santisima Trinidad
| Kirche |

Das Innere der 1892 im klassizistischen Stil vollendeten Kirche verfügt über einen neogotischen Hauptaltar aus 18 verschiedenen Holzarten. Die im letzten Seitenaltar auf der linken Seite untergebrachte, um 1730 in Neapel gefertigte Holzfigur Cristo de Veracruz war ursprünglich für die mexikanische Hafenstadt bestimmt. Jedoch verhinderten bei der Überfahrt wiederholt aufziehende Stürme das Auslaufen, was als Zeichen Gottes gewertet wurde, weshalb die Figur in der Stadt verblieb. Bei der jährlichen Osterprozession wird sie durch die Straßen getragen.

■ Tgl. 10–12 Uhr, Messen Mo, Mi, Fr 18, So 10 Uhr

einnahmen der Stadt, deren Nachtleben und Gastronomie (Spezialität Languste) sich mit den großen Städten des Landes messen können. Dabei wirkt die denkmalgeschützte Fußgängerzone rund um das Zentrum nach wie vor herrlich entschleunigt.

◉ Sehenswert

① Plaza Mayor
| Platz |

Viele bezeichnen den von pastellfarbenen Häusern umgebenen und von Königspalmen beschatteten Platz mit schmiedeeisernen Bänken als den schönsten des ganzen Landes. Die

ADAC *Wussten Sie schon?*

> Morgens hängen einige Einwohner ihre **Vogelkäfige** vor das Haus oder tragen sie fürsorglich durch die Straßen. Damit will man der Vereinsamung der Singvögel – oft aus freier Wildbahn – vorbeugen.

4 Palacio Brunet
| Museum |

Der bereits 1741 erbaute und 1808 mit einem Obergeschoss versehene alte Palast eines der wohlhabendsten Zuckerbarone der Stadt beherbergt das frisch renovierte Museo Romantico. Prunkstück der sehenswerten, aus allen Teilen des Landes zusammengetragenen Sammlung von Einrichtungsgegenständen der Kolonialzeit ist eine komplett aus Marmor gefertigte, kunstvoll verzierte Badewanne.

■ Echerri No. 52, Di–So 9–17 Uhr, 2 CUC

5 Convento San Francisco
| Museum |

Das 1730 erbaute Franziskanerkloster wurde 1926 abgerissen und vier Jahre später nach historischen Vorbildern wiedererrichtet. Nur der Glockenturm ist original erhalten und kann bestiegen werden. Das Museo Nacional de la Lucha contra Bandidos im Innern befasst sich mit dem Kampf gegen die Konterrevolutionäre in der Region.

■ Echerri No. 59 esq. Pino Ginart, Di–So 9–17 Uhr, 1 CUC

6 Templo Yemayá
| Tempel |

Das Wohnhaus von Santería-Priester Israel Bravo-Vega ist der Meeresgottheit »yemayá« gewidmet. Besucher dürfen ungefragt in die ersten beiden Räume eintreten, um einen Blick auf den geschmückten Altar und die typischen Accessoires der afrokubanischen Religion zu werfen.

■ Villena No. 59, tgl. 8–16 Uhr, Spende

7 Palacio Cantero
| Museum |

Der prächtige klassizistische Stadtpalast des deutschstämmigen Händlers und Kunstliebhabers Justus Kanter vermittelt einen Eindruck von der Lebensqualität der Aristokraten in Trinidad im 19. Jh. Das hier untergebrachte Museum widmet sich nicht nur der Stadtgeschichte, sondern auch dem Thema Sklaverei. Der weithin sichtbare Turm kann über eine enge Treppe bestiegen werden und erlaubt einen spektakulären Ausblick.

■ Simon Bolívar No. 423, Sa–Do 9–17 Uhr, 2 CUC

 Restaurants

€€ | **Guitarra Mia** Das kleine Familienrestaurant überzeugt mit Atmosphäre und Qualität. Zu den vielseitigen Gerichten gibt es Gitarrenklänge. ■ Jesus Menendez No. 19 e/ Camilo Cienfuegos y Lino Perez, Tel. 41 99 34 52, Plan S. 71, b3

 Einkaufen

Die in den Straßen angebotenen **Stickereiarbeiten** wie Tischdecken

ADAC *Mittendrin*

> Jedes Jahr am 19. März begleitet Getrommel die nächtlichen Feierlichkeiten im **Yemayá-Tempel**, der dann mit Tüchern und Opfergaben geschmückt ist. Am 7. September wird die Figur der Yemayá durch die Straßen getragen.

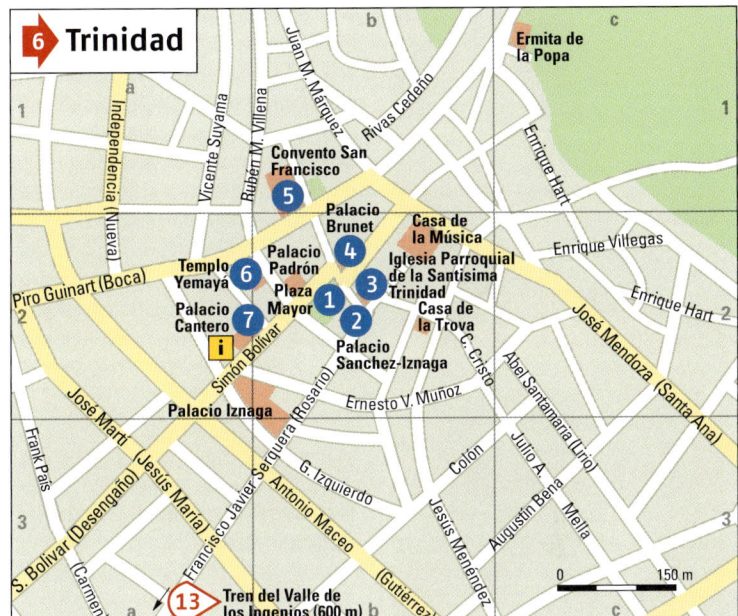

6 Trinidad

Ermita de
la Popa

Convento San
Francisco

5

Palacio
Brunet

Casa de
la Música

Palacio
Padrón

Iglesia Parroquial
de la Santísima
Trinidad

4

Templo
Yemayá

6

Plaza
Mayor

1

3

Palacio
Cantero

7

2

Casa de
la Trova

Palacio
Sanchez-Iznaga

Palacio Iznaga

Ernesto V. Muñoz

0   150 m

13 Tren del Valle de
los Ingenios (600 m)

und weitmaschige Kleidung (»ropa de hilo«) ist auf Kuba nirgendwo sonst in so guter Qualität zu finden.

 Konzert

Casa de la Musica Ab dem späten Nachmittag gibt es in der Bar auf der Freitreppe Livemusik, abends im Innenhof.■ Pl. Mayor, tgl. 11–24 Uhr, 1 CUC (ab 21 Uhr), Plan S. 71, b2

Casa de la Trova Im Patio des Stadtpalasts von 1777 spielt bereits tagsüber Livemusik. Ab 21 Uhr sorgen stündlich wechselnde Interpreten für Stimmung. ■ Echerri No. 29, tgl. 21–1 Uhr, 1 CUC, Plan S. 71, b2

Palenque de los Congos Reales Die bekannte Truppe Conjunto Folclórico präsentiert hier afrokubanische Shows und Rumba-Musik, z.T. auch Salsa, Son oder Trova. ■ Echerri No. 33, tgl. 21–24 Uhr, 1 CUC, Plan S. 71, b2

 Kneipen, Bars und Clubs

Disco Ayala Diskothek in einer natürlichen Tropfsteinhöhle. Das von den Stalaktiten auf die Tanzfläche tropfende Wasser sorgt für Erfrischung.■ Finca Santa Ana, beim Hotel Las Cuevas, tgl. ab 23 Uhr, 5 CUC, Plan S. 71, b2

 Erlebnisse

Perkussionist **David Lopez Garabito** bietet mitttels Pantomime eine Reise durch die kubanische Musikgeschichte.■ Simón Bolivar No. 202, Tel. 52 47 43 17 (Mobil), Plan S. 71, westl. a3

 In der Umgebung

Playa Ancon

| Strand |

Der 15 km entfernt gelegene, viermal täglich von Trinidad Bus Tour angefah-

Baden im glasklaren Meer in Stadtnähe ermöglicht die Playa Ancon

rene Stadtstrand kann zwar nicht mit den Stränden an der Nordküste mithalten, gilt jedoch als einer der schönsten auf der Hauptinsel. Die durch Mangroven führende, gut beschilderte und asphaltierte Strecke lässt sich auch gut per Fahrrad bewältigen. Die Infrastruktur des Hotels am Strand dürfen Nicht-Gäste für 25 CUC nutzen.

■ Eintritt frei, Handtuch und Liege 2 CUC; Pensionen in Trinidad bieten Fahrradverleih (z. B. Barbaro y Andrea, S. 84); Trinidad Bus Tour, Abfahrt vor Cubatur (Fahrplan dort erfragen), Maceo esq. Zerquera

Parque El Cubano
| Naturpark |

Dieser auf dem Gelände einer früheren Zuckerplantage angelegte Park ist 7 km von Trinidad entfernt und ge-

hört offiziell zum Nationalpark Topes de Collantes (S. 66). Entlang der abwechslungsreichen Wanderstrecke gibt es viele der auf Kuba heimischen Bäume und Vögel zu sehen. Am Ende des 3 km langen Weges wartet ein um die Mittagszeit sonnenbeschienener natürlicher Pool mit Kaskade und einer natürlichen Kaverne mit Fledermäusen, der zum Baden einlädt. In einem traditionell bewirtschafteten Bauernhaus können lokale Früchte und Kräutertees probiert werden (Spende erwünscht).

■ Tgl. 8–16 Uhr, Eintritt 10 CUC (Führer nicht inkl.)

Tren del Valle de los Ingenios
| Eisenbahnfahrt |

 Zugfahrt vor historischer Kulisse ins lokale Landleben

Das Tal der Zuckermühlen war zu Beginn des 19. Jh. die wichtigste Zuckeranbauregion des Landes, in der etwa 11 000 Sklaven auf knapp 70 Zuckerplantagen schufteten. Um das »weiße Gold« zum Hafen nach Casilda zu transportieren, wurde 1850 eine der ersten Eisenbahnlinien des Landes gebaut, die bis heute in Betrieb ist. Während der Zug über die eingleisige Strecke rattert, kann gegen ein kleines Trinkgeld auch der Führerstand der Diesellok besichtigt werden. Nach einer knappen Stunde Fahrt kündigt der 35 m in die Höhe ragende Torre Iznaga die Ankunft in Manaca Iznaga an. Der Turm wurde einst zur frühzeitigen Sichtung von Sklavenaufständen erbaut. Hinter dem daneben befindlichen Restaurant können sich Besucher im Auspressen von Zuckerrohr mit reiner Muskelkraft versuchen. Wer mit dem Auto das Tal erkundet, sollte sich den Mirador de Valle Ingenios

(9.30–22 Uhr) nicht entgehen lassen, der einen schönen Blick über das Tal und die Zugstrecke ermöglicht.

■ Bahnhof Trinidad, Lino Perez final, Tel. 41 99 33 48, Ticketverkauf tgl. 9, Abfahrt 9.30, Rückfahrt 14 Uhr, 15 CUC

Santa Clara

Universitätsstadt und Pilgerort zur Verehrung von Che Guevara

ℹ Information

■ Infotur, Cuba No. 66 e/ San Cristóbal y Candelaria, 50100 Santa Clara, Tel. 42 20 13 52, tgl. 8.30–20.30 Uhr

Die Einwohner der Stadt Remedios (S. 75) waren sich nicht einig: Auf welche Weise sollte man den anhaltenden Piratenüberfällen begegnen? Ein Teil der Bevölkerung zog es vor, an Ort und Stelle Maßnahmen zur Verteidigung zu ergreifen. Ein anderer Teil befürwortete die Verlegung der Stadt ins Landesinnere und gründete 1689 an der Stelle des heutigen Parque Vidal die Stadt Santa Clara. Der Name von Kubas fünftgrößter Stadt ist heute untrennbar mit dem Sieg der Revolutionäre unter Führung von Che Guevara verbunden.

👁 Sehenswert

Parque Vidal
| Platz |

Der lebhafte, großzügige Hauptplatz mit dem Glorieta-Pavillon in der Mitte ist Tummelplatz von Schwärmen von Kanarienvögeln. Sehenswert ist das 1884 eingeweihte Teatro de la Caridad, dessen wahre Pracht sich jedoch erst bei einem Blick ins Innere des Hauses erschließt. Hingucker sind auch der klassizistische Palacio Provincial (ehem. Rathaus) und die von den Revolutionskämpfen stammenden Einschusslöcher in der grün getünchten Fassade des Hotels Santa Clara Libre (toller Blick von der Dachterrasse).

■ Teatro de la Caridad, Mo–Sa 9–16 Uhr, Tel. 42 20 55 48, 1 CUC

Im Blickpunkt

Die Kubanische Revolution

Was am 26. Juli 1953 mit dem Sturm auf die Moncada-Kaserne begann, wurde anfänglich von vielen einzelnen, dezentral agierenden Gruppen getragen. Ihr gemeinsames Ziel war der Sturz der vom Ausland gesteuerten Diktatur und die Verteilung des Großgrundbesitzes an die eigene Bevölkerung. Die Partizipation der breiten Masse wich jedoch zunehmend einer straff organisierten Transformation des ganzen Landes hin zur Verstaatlichung nahezu aller Bereiche des Zusammenlebens. Möglicherweise wird nie geklärt werden, ob die politische Führung ihre Hinwendung zum Sozialismus von vornherein beabsichtigte oder ob dies unter dem Druck der USA und einer zunehmenden wirtschaftlichen Abhängigkeit von Moskau geschah. Rückhalt hat die Revolution in der Bevölkerung unterdessen bis heute, nicht zuletzt weil die politische Souveränität des Landes nach wie vor strikt gewahrt wird.

Monumento Tren Blindado
| Freiluftmuseum |

Mittels eines Bulldozers gelang es den Guerilleros um Che Guevara in den letzten Tagen der Revolutionskämpfe, einen gepanzerten Zug mit dringend benötigten Soldaten und Munition zum Entgleisen zu bringen, woraufhin die regimetreue Besatzung mit Brandsätzen zur Aufgabe bewegt und viele Waffen erbeutet wurden. Nach Eintreffen der Nachricht vom Zusammenbruch der Front in Santa Clara verließ Diktator Batista fluchtartig das Land. Das Museum zeigt vier original erhaltene gepanzerte Waggons und zeitgenössische Waffen aus den Tagen der entscheidenden Schlacht.

■ Independencia (am Bahnübergang), Mo–Sa 9–16 Uhr, 1 CUC

Memorial Ernesto Guevara
| Gedenkstätte |

Die Gedenkstätte wurde anlässlich der Exhumierung und Überführung der sterblichen Überreste Che Guevaras aus dem bolivianischen Dschungel im Jahr 1997 errichtet. Die gewaltige An-

ADAC *Wussten Sie schon?*

Die 1937 als Tochter deutscher Exilanten in Buenos Aires geborene **Tamara Bunke** ging nach dem Krieg in die DDR, um am Aufbau des Sozialismus auf deutschem Boden mitzuwirken. Bei einem Staatsbesuch Che Guevaras diente sie als Übersetzerin. Bunke begleitete Guevara bei dessen Mission in Bolivien und fand dort gemeinsam mit ihm den Tod. Nach »Tanja la Guerillera« sind heute zahlreiche kubanische Schulen benannt.

ADAC *Spartipp*

In dem auch tagsüber geöffneten Café des Kulturprojekts El Mejunje wird mit Moneda Nacional (S. 30) bezahlt. Ein Kaffee kostet umgerechnet nur 5 Eurocent.

lage wird überstrahlt von der überlebensgroßen Figur des Guerilla-Kämpfers, dessen Gebeine im Inneren gemeinsam mit den Überresten von 36 Mitkämpfern ihre letzte Ruhestätte fanden (strikte Ruhe, Taschenabgabe, Fotoverbot). Ein kleines Museum informiert über das Leben und Wirken der Revolutionsikone.

■ Pl. de la Revolución, Di–So 9.30–16.30 Uhr, Eintritt frei

 Cafés

Café Museo Revolución In der Nähe des Monumento Tren Blindado gelegenes Themencafé mit Snacks, Säften, Cocktails und Kaffee. Liebevoll gestaltetes Ambiente mit Hunderten Fotos und Originaldokumenten. ■ Independencia No. 313 e/ San Isidro y Cruz, tgl. 10.30–19 Uhr

El Mejunje Offenes LGBT-Kulturprojekt von landesweitem Ruf mit Bar, Theater und Galerie. Im Patio mit Bäumen zwischen graffitiverzierten Ruinen finden unter der Woche Konzerte und andere Veranstaltungen statt (tgl. ab 17 Uhr). ■ Marta Abreu No. 12

 Kinder

Immer sonntags umkreisen am Parque Vidal von Ziegenböcken gezogene Gespanne, in denen Kinder Platz nehmen dürfen, den Hauptplatz (Fahrt 1 MN).

20 Remedios

*Gut erhaltenes koloniales Archi-
tekturensemble aus dem 19. Jh.*

 Information

■ Infotur, P Margalis No. 21,
52700 Remedios, Tel. 42 39 72 27

Die drittälteste spanische Ansiedlung
auf der Insel feierte bereits 2013 das
500. Jubiläum. Schließlich konserviert
das beschauliche Stadtzentrum des
30 000 Einwohner zählenden Städt-
chens eines der besterhaltenen Ensembles kolonialer Architektur im
ganzen Land. Seinen Höhepunkt findet die Pflege der lebendigen lokalen
Traditionen in den alljährlichen Parrandas Remedianas, einem der wichtigsten Volksfeste Kubas.

 Sehenswert

Plaza Martí
| Stadtbild |

Auf dem von hohen Palmen beschatteten Platz mit seinen schmiedeeisernen Bänken fühlt man sich wie in der
Filmkulisse eines Historienromans.
Wohin man auch schaut, überall gibt
es liebevoll restaurierte koloniale Bauten zu sehen, von denen viele zu char-
manten Hotels umfunktioniert wurden. Überragt wird die Szenerie von
den beiden Kirchen San Juan Bautista
und Iglesia del Buen Viaje.

Iglesia San Juan Bautista
| Kirche |

Die 1692 fertiggestellte Kirche wird
erfüllt vom Glanz des polychromen,
vergoldeten Zedernholzaltars im ma-
nieristischen Churriguera-Stil. Die Res-

Flanieren vor historischer Kulisse auf der Plaza Martí von Remedios

tauratoren des Baus staunten nicht schlecht, als unter Schichten alter Farbe 24-karätiges Gold zum Vorschein kam. Um das vergoldete Interieur ihrer Kirche vor den herannahenden Piraten zu verbergen, überzogen es die Einwohner der Stadt mit rötlicher Farbe. Im letzten Seitenaltar auf der rechten Seite des Kirchenschiffs gibt es die einzige Darstellung der schwangeren Jungfrau Maria in Kuba zu bestaunen (dargestellt im Stile einer Flamencotänzerin).

■ Mo–Sa 9–12, 14–17 Uhr, Messe So 9 Uhr

Museo de las Parrandas

| Museum |

Vergangenheit und Gegenwart des überregional bekannten Stadtfests (s. u.) werden anhand von Fotografien, Trachten, Musikinstrumenten und Dekorationselementen veranschaulicht.

■ Maximo Gomez No. 71, Di–Sa 9–18, So 9–13 Uhr, 1 CUC

 Events

Parrandas Remedianas Das karnevalsähnliche Spektakel findet jedes Jahr vom 16. bis 24. Dezember statt. Höhepunkt ist an Heiligabend um 21 Uhr der Wettstreit der Feuerwerkspektakel und Festzüge.

ADAC *Mittendrin*

Jedes Jahr wird anlässlich der **Parrandas Remedianas** eine Kirmes abgehalten, die gerade in den Abendstunden von Familien mit Kindern wimmelt. Allein die z. T. kuriosen, häufig von Hand betriebenen Mini-Karussells und Attraktionen lohnen den Besuch.

 In der Umgebung

Museo de Agroindustria Azucarera

| Freiluftmuseum |

Im nur 5 km östlich der Stadt gelegenen ehemaligen Zucker-Central von 1891 wird der Prozess der Zuckerherstellung veranschaulicht. Auf dem davor befindlichen Freigelände stehen zwei funktionstüchtige Dampfloks aus US-Produktion, die heute interessierte Touristen transportieren. Die Fahrten vom Museum zur Finca La Cabaña (ca. 3 km) werden über die Museumsführerin Mayler (auch auf Englisch) organisiert.

■ Ctra. Caibarién Km 3, Tel. 42 36 43 34, Mo–Sa 9–15 Uhr, 3 CUC; Dampflokfahrt 9 CUC, Anmeldung über Tel. 54 56 61 11 (Mobil)

21 Cayo Santa María

Vorgelagerte Inselwelt mit viel Natur und Spitzen-Resorts

Das zur Inselkette der Jardines de Rey gehörende touristische Juwel Cayo Santa María mit seinen kilometerlangen, feinsandigen Stränden und türkisblauem Meer ist gemeinsam mit seinen Nachbarinseln Cayo Las Brujas und Cayo Ensenachos durch einen künstlichen, asphaltierten Damm (Maut 2 CUC) mit den nahe gelegenen, verschlafenen Provinzstädten Caibarién und Remedios verbunden. Da man aus den Fehlern des Damms von Cayo Coco (S. 78) gelernt hatte, wurden in das 48 km lange Bauwerk 45 Brücken eingelassen, die den Strömungsaustausch zwischen offenem Meer und den mangrovenbewachsenen Flachwasserbereichen garantieren. Diese Maßnahme trug dazu bei, dass in den rückwärtigen Buchten und dem vorgelagerten Nationalpark Los Caimanes auch heute noch freischwimmende Delfine und eine reiche Vogelwelt zu beobachten sind.

Erlebnisse

Marina Las Brujas Hier werden Bootsausflüge zum Tauchen, Schnorcheln und Hochseeangeln angeboten, außerdem Jetski-Fahrten durch Mangrovenwälder und romantische Katamarantörns inkl. Abendessen mit Languste und offener Bar vor der Kulisse des Sonnenuntergangs auf dem Meer. ■ Die Ausflüge sind auch direkt über viele Hotels buchbar, z. B. Villa Las Brujas, Tel.: 42 35 01 13, www.gaviota-grupo.com, tgl. 9–17 Uhr

22 Sancti Spíritus

Authentische Provinzhauptstadt mit architektonischen Perlen

Information

■ Cubatur, Maximo Gomez Nte No. 7 (Parque Serafin Sanchez), 60100 Sancti Spíritus, Tel. 41 32 85 18, Mo–Sa 9–17 Uhr

Die rund 110 000 Einwohner zählende Universitätsstadt mit ihren kolonialen Architekturschätzen ist eine der ältesten des Landes. Anders als Trinidad verlor die Stadt nicht den Anschluss an die Moderne. Im aufgeräumten und lebendigen Stadtbild mit viel Kuba-Flair fallen die Touristen nicht besonders ins Gewicht. Gerade in den Morgenstunden kann man in den Straßen noch den authentischen Alltag der Bevölkerung erleben.

◉ Sehenswert

Calle Independencia
| Fußgängerzone |

Zum 500-jährigen Jubiläum 2014 hat sich die Stadt herausgeputzt und das Zentrum mit der Umwandlung der Hauptstraße in eine kunstvoll gestaltete Fußgängerzone mit vielen Geschäften, gastronomischen Einrichtungen, Galerien und Kulturzentren aufgehübscht. Besucher können sich im Agromercado (Ecke V. Muñoz) und in vielen Fachgeschäften ein Bild von den real existierenden Einkaufsmöglichkeiten machen.

Plaza Honorato
| Platz |

Vorbei an fünf Glocken, von der jede für ein Jahrhundert Stadtgeschichte steht, führt die Calle Honorato zum gleichnamigen Platz. Dieser wird dominiert von der Iglesia Espiritu Santo, ursprünglich eine einfache Holzkirche aus dem Jahr 1522, die bereits 1680 ihr heutiges Erscheinungsbild erhielt und damit die älteste noch erhaltene Kirche des Landes ist. Interessierte können den Kirchturm erklimmen. Auf dem Platz steht die Statue des Augenarztes Dr. Rijo, dessen Wohnhaus gegenüber der Kirche heute ein hübsches Boutiquehotel (S. 85) ist.
■ Iglesia Espiritu Santo: Di–So 9–17 Uhr, Messe Mo–Sa 17 Uhr

Puente Yayabo
| Brücke |

Dort, wo die Avenida Jesus Menendez den Fluss Yayabo überquert, befindet sich die 1817 errichtete älteste Steinbrücke des Landes. Das komplett aus Brandsteinziegeln errichtete Bauwerk von 9 m Höhe und 85 m Länge über-

Die Altstadt von Sancti Spíritus ist nach wie vor vom Alltag ihrer Bewohner geprägt

spannt den Fluss in fünf romanischen Bögen. Unterhalb der Brücke gibt es einen kleinen Aussichtspunkt.

In der Umgebung

Alturas de Banao
| Naturschutzgebiet |
Nach dem Sieg der Revolution wurden die Kaffeebauern aus dem Gebiet unterhalb des 842 m hohen Guamuhaya-Massivs, des östlichsten Ausläufers der Sierra de Escambray, in tiefer gelegene Zonen umgesiedelt, und die Landschaft mit ihren steilen Kalksteinwänden forstete man wieder auf. Heute wachsen hier 700 Pflanzenspezies, u.a. 60 Orchideenarten. Der wenig besuchte Park mit seinen Naturpools, Baumfarnen und Nebelwald ist für Wanderer ein echter Geheimtipp.
Autofahrer steuern den 20 km südwestlich von Sancti Spíritus gelegenen Ort Banao an, von dort geht es ca. 7 km

nördlich über einen Feldweg bis zur Ökolodge Jarico., wo geführte Touren starten. Restaurant und Übernachtungsmöglichkeiten vorhanden.
■ Tel. 41 39 92 05, Touren vorab anfragen über Tel. 53 50 44 97 (Mobil, auch auf Engl.), Eintritt 5 CUC, Mittagessen 10 CUC, Führer (obligatorisch) 3 CUC, Reitausflüge 5 CUC

23 Cayo Coco und Cayo Guillermo

Exklusives Strandparadies mit besten Wassersportmöglichkeiten

i Information

■ Infotur, im Einkaufszentrum La Gaviota, Av. de los Hoteles, 67210 Cayo Coco, Tel. 33 30 10 01, www.cayococcocuba.net

Nachdem die 370 km² große Insel lange Zeit Sklavenhändlern zur Anlandung ihrer menschlichen Fracht diente, nutzten die Sowjets sie im Kalten Krieg als Luftwaffenstützpunkt. Erfolgte der Baubeginn des Damms zur Hauptinsel noch unter militärischen Gesichtspunkten, lieferte seine Fertigstellung im Jahr 1988 den Startschuss für die Ansiedlung großer Hotelkomplexe nebst touristischer Infrastruktur. Weitere Dämme verbanden die Insel bald mit dem benachbarten Cayo Guillermo und Cayo Romano. Umweltschützer kritisieren seither Veränderungen von Wassertemperatur und Salzgehalt und damit einhergehende Auswirkungen auf die vielfältige Meeresfauna. Mit Ausnahme der Resorts in der Nähe der insgesamt 27 km langen, feinsandigen Strände ist die Insel ein weitgehend naturbelassenes Paradies für Tausende Seevögel. Die Gegend im Herzen der Inselgruppe Jardines del Rey diente als Inspirationsquelle für Ernest Hemingway, der auf der Suche nach großen Meeresfischen und versprengten deutschen U-Booten häufig mit seiner Jacht »Pilar« hier umherschipperte. Nach dieser benannt ist die auf Cayo Guillermo gelegene Playa Pilar, die zu Kubas traumhaftesten Stränden zählt. Der Damm (Passkontrolle, Maut 2 CUC) sollte möglichst bei Tageslicht befahren werden, da die Fahrbahn weder beleuchtet ist, noch über seitliche Begrenzungen zum Meer verfügt.

⚽ Sport

Kite Cuba Von November bis April gelten die weiten Strände mit konstanten Windgeschwindigkeiten von 11 bis 15 Knoten als Kitesurfing-Paradiese. ■ Equipment und Kurse (deutschsprachig) ab 330 € beim Hotel Sol Cayo Guillermo, www.kite-cuba.com

24 Batey Jaronú

 Eintauchen in die Geschichte eines Zucker-Centrals

Im Jahr 1917 begannen die Arbeiten am Central Jaronú als autarke Produktionsstätte mit Ländereien, Zuckermühle und Zugverbindung zum nahe gelegenen Meer. Zur Unterbringung der größtenteils auf den benachbarten karibischen Inseln angeworbenen Arbeitskräfte errichtete man eine Modellsiedlung, bestehend aus 18 quadratischen Komplexen mit Schule, Hospital, Post und Grünanlagen. Die ehemaligen Arbeiter leben immer noch in ihren angestammten Häusern. Zum Teil vermieten sie Unterkünfte (S. 85) und berichten gerne aus der Geschichte ihres Ortes. Nach der Revolution wurde die Wohnanlage in ihrer ursprünglichen Form erhalten und schließlich 2009 unter Denkmalschutz gestellt. Trotz der Zerstörungen von Hurrikan Irma 2017 ist dieses einzigartige architektonische Ensemble einen Besuch wert. Wer für ein paar Tage Ruhe vor historischer Kulisse sucht, ist hier richtig – ein echter Geheimtipp!

25 Camagüey

 Unverfälschter kubanischer Alltag in einer schmucken Altstadt

ℹ Information

■ Infotur, Ignacio Agramonte No. 448, 70100 Camagüey, Tel. 32 25 67 94, www.pprincipe.cult.cu (Kulturprogramm)

Die mit ca. 320 000 Einwohnern drittgrößte Stadt Kubas hieß noch zu Beginn des 20. Jh. Puerto Príncipe, auch

ADAC *Mobil*

> Kaum zu glauben: Eine Stadt, in der es gerade 33 Autos je 1000 Einwohner gibt, hat ein Parkplatzproblem! Es lässt sich umgehen, wenn man das Fahrzeug im Parque Las Leyendas südlich der Innenstadt abstellt und auf eines der vielen günstigen **Bicitaxis** umsteigt – die Fahrradrikschas sind die bequemste Art, die engen Straßen der Altstadt zu erkunden.

wenn man einen Hafen in der Stadt heute vergebens sucht. Wiederholte Überfälle von Korsaren zwangen die Bewohner dazu, die Stadt von der Nordküste ins Landesinnere zu verlegen. Um die weiterhin anhaltenden Piratenüberfälle zumindest zu behindern, legten die Bewohner ein verwirrendes Straßenraster an. Noch heute verlieren ortsunkundige Besucher in dem verwinkelten Labyrinth aus Gassen die Orientierung. Zum Glück helfen in der »Stadt der Fahrräder« zahlreiche Bicitaxis, die zum Weltkulturerbe erklärte Altstadt auf authentische Art und Weise zu erkunden.

Sehenswert

Plaza San Juan de Dios
| Platz |

Der verkehrsberuhigte Platz gilt als eines der am besten erhaltenen kolonialen Ensembles in Kuba. Einstöckige Häuser mit gemeinsamen Brandmauern, verkürzte Pilaster und kunstvoll gestaltete Dachkonsolen sind stilprägend für die neoklassizistische Architektur in Zentralkuba. Besonders auffällig am dreieckigen Platz ist der ehemalige Konvent aus dem Jahr 1728,

der später als Krankenhaus genutzt wurde. Souvenirstände, Galerien und Cafés laden zum Verweilen ein.

Plaza Ignacio Agramonte
| Platz |

Die einstige Plaza de Armas wird dominiert vom Reiterstandbild des Freiheitskämpfers Ignacio Agramonte – ein berühmter Sohn der Stadt. Die Kathedrale Nuestra Virgen de la Candelaria ist der Nachfolgebau eines bereits 1530 errichteten Gotteshauses, in dem 1688 der Pirat Henry Morgan die wohlhabenden Bürger der Stadt so lange einschloss, bis sie ihm die Verstecke ihrer Reichtümer preisgaben.

Plaza de los Trabajadores
| Platz |

Der Kapokbaum in der Mitte des dreieckigen Platzes markiert jene Stelle, wo 1528 die erste Messe nach der Verlegung der Stadt ins Landesinnere gefeiert wurde. Die barocke, dreischiffige **Basilika Nuestra Señora de la Merced** entstand ursprünglich 1748–1756 als Teil eines Klosters des Mercedarier-Ordens.

ADAC *Wussten Sie schon?*

> Ausgediente Tonkrüge, die in der Kolonialzeit für die Verschiffung von Öl und Wein verwendet wurden, nutzten die Kubaner gerne als Trinkwasserspeicher. Doch in der trockenen Landesmitte stießen sie bald an ihre Kapazitätsgrenze. So machte man sich selbst an die Fertigung größerer Krüge. In Camagüey finden sich noch Tausende solcher **Tinajones**, meist aus dem 19. Jh. Die größten haben einen Umfang von 4 m!

Ein altes Konvent, später ein Militärkrankenhaus, ziert die Plaza San Juan de Dios

Calle de los Cines
| Kinomeile |

Der Abschnitt der Calle Agramonte zwischen Plaza de los Trabajadores und Plaza del Gallo wurde im Rahmen des 500-jährigen Stadtjubiläums 2014 im Stile eines Freiluftmuseums zur Filmgeschichte restauriert, denn hier öffnete Kubas erstes Filmtheater seine Pforten. Motto-Bars, Kinos und Galerien der audiovisuellen Kunst mit wechselnden Ausstellungen und Workshops säumen die Straße, u.a. das zu einem modernen Multiplex-Kino umgebaute Cine Casablanca von 1948.

■ Cine Casablanca, Agramonte No. 428

Teatro Principal
| Theater |

Das 1847 errichtete Gebäude bot einst Platz für 1500 Zuschauer. Die Holzfassade fiel jedoch 1920 einem verheerenden Feuer zum Opfer. Nach dem Wiederaufbau mit neuer Vorderansicht, bogenförmigen Portalen, Fenstermosaiken und Balkonen zählt der Saal heute ca. 800 Sitzplätze.

■ Padre Valencia No. 64, tgl. 8–18 Uhr

Plaza del Carmen
| Gesamtkunstwerk |

Der Vorplatz des alten Ursulinerklosters wurde mit lebensgroßen Figuren der Bildhauerin Martha Jiménez verziert. Sie zeigen kubanische Alltagsszenen, etwa den auf einer Bank sitzenden Zeitungsleser – ein hübsches Fotomotiv, wenn die Vorlage, der heute 84-jährigen Norberto, danebensitzt. Sollten die Figuren ihr Interesse wecken, werfen Sie einen Blick in die gegenüberliegende Galerie der Künstlerin (S. 82).

🍴 Restaurants

€€ | **Restaurante 1800** Schon allein die wunderschön restaurierte Inneneinrichtung mit viel Holzdekor lohnt den

Die hübschen Figuren auf der Plaza del Carmen zeigen Bewohner der Stadt

Besuch. Im Angebot ist eine gute Auswahl an Meeresfrüchten, auch Buffet; hübsche Bar. ■ Pl. San Juan de Dios 113, Tel. 32 28 36 19, www.1800 restaurante.com

 Einkaufen

Casa de Arte Ileana Sanchez y Joel Jover Die Galerie des Künstlerehepaares an der Plaza Agramonte ist ein Muss für Freunde namhafter, authentischer kubanischer Kunst. ■ Martí No. 154, Tel. 32 29 23 05

Estudio Taller Martha Jiménez Pérez Studio und Verkaufsraum der bekannten Künstlerin, die für die lebensgroßen Statuen auf dem davorliegenden Platz verantwortlich zeichnet. Ihre Arbeiten umfassen Skulpturen, Keramiken und Gemälde. ■ Pl. del Carmen, Tel. 32 25 75 59, www.martha-jimenez.es, tgl. 8–20 Uhr

 Bühne

Ballet de Camagüey Das weltberühmte Ballettensemble ist mit über 60 Mitwirkenden Kubas zweite große Ballettgruppe nach dem Nationalballett in Havanna. Das Repertoire umfasst über 260 Werke verschiedener Stilrichtungen. Vorführungen finden hauptsächlich an Wochenenden im Teatro Principal (S. 81) statt. ■ Tel. 32 29 65 35

Kneipen, Bars und Clubs

El Cambio Diese Bar hat sich vollkommen dem Thema Lotterie und Glück verschrieben und macht mit ihren Graffitis an den Wänden der berühmten Bodeguita del Medio (S. 23) in Havanna Konkurrenz, ist jedoch noch viel authentischer. ■ Martí No. 152, tgl. 10–22 Uhr

Kinder

Proyecto Comunitario Carsueños
Diese Puppenwerkstatt leistet wirklich
Großes: Jüngst wurde die mit 22 m
Höhe größte Puppe der Welt mit ei-
nem Eintrag im »Guinness-Buch der
Rekorde« belohnt. Das Projekt bietet
u. a. Workshops zur Herstellung von
Puppen an, z.T. auch zu therapeu-
tischen Zwecken. ■ San Isidro No. 8,
Tel. 32 24 31 34, facebook

 Events

Jeden Samstag lädt die **Noche Cama-
güeyana** an der Plaza del Gallo zu
Livemusik und Tanzveranstaltungen
unter freiem Himmel.

 Erlebnisse

Camaquito Hilfsorganisation zur För-
derung von Kindern und Jugendli-
chen. Nach Absprache werden Besu-
che bei Projekten arrangiert, etwa bei
Kindertanzgruppen, in Kulturzentren
und beim berühmten Ballettensemble
der Stadt. ■ www.camaquito.org

26 Cayo Sabinal

*Einsames Piraten-Eiland für abenteuer-
lustige Individualreisende*

Bis zur Errichtung des Forts San Hilario
1831 trieben auf dem etwa 335 km²
großen Eiland am südlichen Ende des
Archipels der Jardines del Rey Piraten
und Schmuggler ihr Unwesen. Zahlreiche Schiffswracks vor den Küsten zeugen bis heute von jahrhundertelan-
gen Scharmützeln. Der nach wie vor in
Betrieb befindliche Leuchtturm von
1847 ist einer der ältesten auf Kuba.

Heute locken die insgesamt 33 km
Strände – davon 19 km mit feinstem
Sand – vor allem Individualreisende
auf der Suche nach Abgeschiedenheit.
Die fast unbesiedelte Insel ist im Rah-
men einer Katamarantour (mit Buceo
Shark's Friends, s.u.) von Playa Santa
Lucia aus oder mit einem geländegän-
gigen Fahrzeug über einen abenteu-
erlichen Erddamm zu erreichen.

27 Playa Santa Lucia

*Gut erschlossene Traumstrände für
Touristen und Einheimische*

Über eine Länge von 20 km erstrecken
sich die feinsandigen Puderzucker-
strände, die sanft ins Meer abfallen
und durch ein nur wenige hundert
Meter vom Ufer entferntes Korallenriff
vom offenen Meer abgeschirmt sind.
Dazwischen breitet sich ein riesiger
natürlicher Pool von maximal 3 m Tiefe aus, der von zahlreichen tropischen
Meeresbewohnern bevölkert wird.
Bereits im Jahr 1954 setzte die touristische Entwicklung ein, jedoch wirkt
der Ort nicht so abgeschottet vom
Rest des Landes wie viele andere
Traumstrände in Kuba.

 Erlebnisse

Buceo Shark's Friends Die gleich
neben dem Hotel Brisas gelegene
Tauchbasis bietet Bootsausflüge zum
Hochseeangeln, Schnorcheln, Tauchen oder zur Vogel- und Reptilienbe-
obachtung z.T. auch vor Cayo Sabinal
an. Mehr als 35 verschiedene Tauchspots – vom Höhlen- bis zum Wrack-
tauchen. Auch Unterwasser-Fütterun-
gen von Bullenhaien. ■ Av. Tararaco,
Tel. 32 36 51 35, www.nauticamarlin.com

Übernachten

Die Landesmitte wartet mit einem breiten Spektrum an Übernachtungsmöglich-keiten und einigen der besten Hotels des Landes auf. In den abgelegenen All-inclusive-Hotelkomplexen an der Küste werden die Gäste mit viel Platz, Komfort und Freizeitaktivitäten rundum verwöhnt. Wer Privatunterkünfte mit Kontakt zur lokalen Bevölkerung vorzieht, ist im Landesinneren besser aufgehoben. In den stolzen Palästen der Aristokratie lässt sich stilvoll im Zentrum historischer Altstädte logieren. Da die Kubaner gerne bis in die späten Abendstunden hinein die Straße als verlängertes Wohnzimmer nutzen, sollte man auf Lärm bis kurz nach Mitternacht vorbereitet sein.

Matanzas 58

€€ | **Hotel E Velasco** Restaurierter neoklassizistischer Palast mit 17 z. T. engeren Zimmern, einige mit Balkon. Die elegante Lobby mit Marmortreppe und Azulejos versprüht den Charme der Belle Époque. Dachterrasse. ◼ Parque Libertad, Calle 79 e/288 y 290, Tel. 45 25 38 80, www.cubanacan.cu

Varadero 59

€€–€€€ | **Starfish Cuatro Palmas** Dort, wo früher Diktator Batista die Sommerfrische genoss, tummeln sich heute viele deutsche Urlauber. 160 Doppelzimmer, z. T. in Bungalows. ◼ Av. 1ra e/ 60 y 64, Tel. 45 66 70 40, www.gran-caribe.com

Península de Zapata und Bahía de los Cochinos 60

€€ | **Villa Guamá** Rustikale Dschungel-Lodge mit 47 Pfahlbauten, rund um eine entspannte Lagune gruppiert und über Holzbrücken miteinander verbunden, inmitten von Natur! ◼ Laguna del Tesoro, Tel. 45 91 55 51

Cienfuegos 62

€€ | **Casa Angel y Isabel** Die fast am Ende der Punta Gorda gelegene Pension ist ein Schmuckkästchen mit viel Charme. Vier Doppelzimmer mit eigenem Zugang, mehrere Terrassen, Meerblick, Steg. ◼ Calle 35 No. 24, Tel. 43 51 15 19, facebook

€€€ | **Hotel E Palacio Azul** Traumhaft schön ist diese zum Hotel umgebaute Villa mit Kuppel-Türmchen, die mit sieben großzügigen, elegant ausgestatteten Zimmern, freundlichem Personal, und tollem Blick auf die Bucht lockt. ◼ Calle 37 No. 1201 e/ 12 y 14, www.gran-caribe.com, Reservierung über das Hotel La Union (Tel. 43 55 10 20, www.hotelaunion-cuba.com)

Trinidad 68

€ | **Hostal Barbaro y Andrea** Zwei Zimmer mit Kapazität für drei bzw. fünf Pers., Dachterrasse, Fahrradverleih. Schweizer Vermieterin. ◼ Frank País No. 261 e/ Colon y A. Guiteras, Tel. 41 99 43 30, E-Mail: barbaroandrea@nauta.cu

€–€€ | **La Navarra** Nur vier Häuser vom Busbahnhof Viazul entfernt. Vier geräumige Doppelzimmer mit individuellem Eingang, drei Terrassen inkl. Dachterrasse, Patio. ■ Piro Ginart No. 210, Tel. 41 99 34 26, E-Mail: victoriaecherri1958@gmail.com

€€ | Casa Vivian y Pablo Nur einen Block vom Casa de la Trova entfernt. Jedes der insgesamt 14 Zimmer hat eine kleine Terrasse, z.T. Meerblick, mehrere Patios. ■ Valdés Muñoz No. 49–50, Tel. 41 99 45 22. E-Mail: pablo.catalan@nauta.cu

Santa Clara 73

€–€€ | Hostal Florida Preisgekröntes Gebäude von 1876 mit einem bunten Innenhof. Es gilt als eine der schönsten Pensionen Kubas. Der gegenüber im Art-déco-Stil eingerichtete Ableger Hostal Florida Terrace mit Dachterrasse steht ihm in nichts nach. ■ Maestra Nicolasa No. 56 e/ Colon y Maceo, Tel. 42 20 81 61, www.hostalfloridacenter.com

Remedios 75

€€–€€€ | Hotel Mascotte Dieses Hotel ist nur eines von vielen, die sich in den jüngst restaurierten Gebäuden um den Hauptplatz gruppieren. Alle Häuser (E Bausa, Camino del Principe, Real, Las Leyendas, Barcelona) bieten antiken Charme, Vier-Sterne-Standard und ähnliche Preisniveaus. Anfragen werden zentral über das Hotel Mascotte beantwortet. ■ Tel. 42 39 51 44, www.hotelescubanacan.com

Sancti Spíritus 77

€€–€€€ | Hotel del Rijo Gebäude von 1818 mit 16 um einen kolonialen Innenhof herum gruppierten, geräumigen Zimmern, z. T. mit Balkon.

Begrünter Eingangsbereich, wo man das Abendessen mit Blick auf die Kirche Espiritu Santo genießen kann. ■ Honorato No. 12, Tel. 41 32 85 88, www.hoteldelrijo.com (nicht offiziell)

Cayo Coco 78

€€ | Sitio La Güira Die Cabañas sind Teil eines Museumsdorfs, das einer typischen Köhlersiedlung nachempfunden ist. Restaurant mit Bar. Rustikal und vergleichsweise günstig – aber das Mückenspray nicht vergessen! ■ Cayo Coco, Tel. 33 30 12 08

Batey Jaronú 79

€ | Hostal Silvia Auf der Hollywoodschaukel der Veranda des denkmalgeschützten Hauses fühlt man sich in eine Filmkulisse versetzt. Vermietet werden zwei einzelne Zimmer mit Bad und Zugang zu Veranda und Patio. Gelobt werden die Abendessen von Herbergsmutter Silvis, die lange in der Zuckerfabrik gearbeitet hat. ■ Calle B No. 28 (e 5ta y 6ta), Tel. 32 60 62 48

Camagüey 79

€€ | Las Chismosas In einem typischen kolonialen Stadthaus gelegene Privatunterkunft der Künstlerin Martha Jiménez mit wunderschön gestaltetem Patio. ■ General Gómez No. 258 (e/ Padilla y San Ramón), Tel. 32 29 16 96

€€€ | Camino de Hierro Kleines Boutiquehotel in wunderschön restauriertem Altbau mitten im Zentrum des Geschehens. Das gegenüberliegende Hotel Santa María gehört zum selben Unternehmen. ■ Maceo No. 76, Tel. 32 29 20 93, www.cubanacan.cu

Der karibische Oriente: rund um die Sierra Maestra

Die Region, in der Herz und Seele des Landes zu Hause sind, lockt mit landschaftlichen Extremen und lebendigen Traditionen

An der Kontaktzone zweier tektonisch aktiver Platten erhebt sich die Sierra Maestra majestätisch aus dem tiefblauen Meer empor. An den fast 2000 m hohen Gipfeln des größten Gebirges der Insel sammeln sich die vom Passat herangewehten feuchten Luftmassen des Atlantiks und sorgen für ergiebige Regengüsse. An der dem Karibischen Meer zugewandten Seite der Gebirgskette ist es merklich wärmer und trockener. Der Oriente, der östliche Teil der Insel, spielte in der kubanischen Geschichte immer eine besondere Rolle. Von hier aus drangen erst die Ureinwohner, später die Spanier in Richtung Westen vor. Die temperamentvolle Bevölkerung ist Resultat der Vermischung von Indigenen, afrikanischen Sklaven und Europäern. Nach dem Sklavenaufstand von 1791 auf Haiti kamen viele frankophile Immigranten nach Kuba und bereicherten die Region nicht nur um den

Kaffeeanbau. Aus dem Miteinander verschiedener Traditionen entstand der Son, die typische Musik des Oriente. Auch genießt dieser Landesteil den zweifelhaften Ruf, besonders rebellisch zu sein: Die Unabhängigkeitsbewegung nahm von hier aus ebenso ihren Ausgang wie die Revolution.

In diesem Kapitel:

ADAC Top Tipps:

8 **Santiago de Cuba**
| Stadtbild |
Die heimliche Hauptstadt Kubas bildet mit ihrer reichen Geschichte, der vielseitigen Folklore und ihrem kosmopolitischen Bevölkerungsmix einen Gegenpol zu Havanna. 88

 Parque Nacional Gran Piedra
| Nationalpark |

Inmitten der einzigartigen Kulturland-
schaft mit Überresten der ersten
Kaffeeplantagen Kubas bietet sich
vom landesweit größten Monolithen
ein erstklassiger Rundumblick. 98

ADAC Empfehlungen:

 **Casa Velázquez,
Santiago de Cuba**
| Museum |

Das älteste Haus Kubas ist Weltkulturerbe und gibt faszinierende Einblicke
in die frühe Kolonialzeit. 89

 **Cementerio Santa Ifigenia,
Santiago de Cuba**
| Friedhof |

Letzte Ruhestätte der wichtigsten
Persönlichkeiten des Landes. 92

 Castillo del Morro
| Festung |

Die historische Festung erhebt sich
malerisch auf einer Felsnase an der
Einfahrt zur Bucht von Santiago. 96

 Basilica del Cobre
| Wallfahrtskirche |

Charmanter Wallfahrtsort für Kubas
Nationalheilige vor der Kulisse der
Sierra Maestra. 97

 **Parque Nacional
Pico Turquino**
| Nationalpark |

Auf den Spuren der Revolution wan-
deln an Kubas höchstem Berg mit
atemberaubend steilen Straßen,
umgeben von ländlicher Idylle. 103

Santiago de Cuba

Kosmopolitisches Zentrum in bezaubernder Landschaft

Die Kathedrale am Parque Céspedes dominiert das Zentrum von Santiago

ℹ️ Information

■ Infotur, Aguilera esq. F. Peña,
90100 Santiago de Cuba, Tel. 22 68 60 68,
www.santiagodecuba.travel

■ Parken: siehe S. 95

*Karnevalshochburg mit ganz
speziellem Flair*

Die mit etwa 500 000 Einwohnern zweitgrößte Stadt Kubas war der Ausgangspunkt der Revolution, und was ihre historische Bedeutung betrifft, ist sie ohne Zweifel die Wiege der urbanen Entwicklung des Landes: Hier steht das älteste erhaltene Haus, hier wurde das erste Bistum gegründet, und von 1515 bis 1553 war Santiago die erste Hauptstadt der Insel. Nicht zuletzt ist hier der Stammsitz von Bacardi, dem wichtigsten Familienunternehmen des Landes. Santiago ist zudem Gründungsort der berühmten Casa de la Trova, von wo aus der Musikstil Son seinen Siegeszug antrat, und Schauplatz des wohl wichtigsten Volksfests der Insel, des Karnevals. Die Stadt erstreckt sich über eine Reihe von Hügeln, und da sie sich vom Hafen ausgehend auf immer höheren Ebenen ringförmig ausbreitet, erinnert sie ein wenig an ein großes Amphitheater. Im Windschatten der Sierra Maestra sam-

Plan
S. 90

to (Rathaus) wurde beim Erdbeben von 1940 zerstört und getreu dem historischen Vorbild wieder aufgebaut. Auf einem der blauen Balkone rief Fidel Castro am 1. Januar 1959 den Sieg der Revolution aus. Das 1914 im neoklassizistischen Stil erbaute Hotel Casa Granda war in der Zeit der Batista-Diktatur ein Ort der Konspiration und inspirierte Graham Greene zu seinem Roman »Unser Mann in Havanna«. Die Dachterrasse mit Bar bietet einen traumhaften Blick über den Platz und die Bucht (tgl. 9–1 Uhr).

❷ Catedral Nuestra Señora de la Asunción
| Kathedrale |

Der von einem Engel mit Trompete gekrönte, neoklassizistische Bau von 1922 mit drei Schiffen ist bereits das vierte Gotteshaus an dieser Stelle. Nach der letzten Zerstörung durch Erdbeben errichtete man das Gebäude auf einer Plattform, in dessen Erdgeschoss Geschäfte untergebracht sind – ein ungewohnter Anblick für eine Kathedrale. Das Kircheninnere ist hübsch restauriert, eine Besteigung des Turms möglich.
■ Mo–Sa 9–18 Uhr, Messe Di–So 18.30 Uhr, 1 CUC

melt sich die über der Karibik aufgeheizte feuchtwarme Luft wie in einem Ofen. Santiago ist karibischer, lauter und temperamentvoller als die restlichen Städte Kubas. Im Gewimmel um den Parque Céspedes oder im Chaos der Treppen des Tivolí lassen sich stets neue Facetten entdecken, die selbst Kubakenner ins Staunen versetzen.

Sehenswert

❶ Parque Céspedes
| Platz |

Die ehemalige Plaza de Armas ist das laute und verkehrsreiche Herz der Stadt. Das weißgekalkte Ayuntamien-

❸ Casa Velázquez
| Museum |

 Ältestes Haus Kubas mit Schätzen der Kolonialzeit

Die Residenz des ersten Gouverneurs Kubas, Diego Velázquez de Cuellar, gilt als ältestes noch erhaltenes Haus in Kuba. Angeblich soll sein Sekretär

Hernán Cortés, der spätere Eroberer Mexikos, den Grundstein des zweistöckigen Hauses 1516 selbst gelegt haben. Das im Mudéjar-Stil errichtete Gebäude vereint viele Elemente eines typischen andalusischen Hauses. Im dazugehörigen Schmelzofen wurde der bei den Ureinwohnern geraubte Goldschmuck zu Barren geformt. Seit 1971 ist in dem Gebäude das Museo de Arte Colonial untergebracht. Bei einem verheerenden Brand 1990 wurden große Teile der Inneneinrichtung stark beschädigt. Mittlerweile wurden einige Wandmalereien und Artesonado-Decken nach historischem Vorbild restauriert. Zu den Exponaten im Haus und in der benachbarten kolonialen Villa zählen Möbel und Einrichtungsgegenstände der frühen Kolonialzeit und aus dem 19. Jh.

■ F. Peña No. 602, Mo–Do 9–16.30, Fr 13.30–16.30, Sa, So 9–16 Uhr, 2 CUC

④ **Balcón de Velázquez**
| **Aussichtspunkt** |

Diese bereits im 16. Jh. als Artilleriestellung angelegte Terrasse ermöglicht einen fabelhaften Blick über die Bucht von Santiago und das davorliegende Viertel Tivolí, besonders schön in den Abendstunden. Im angrenzende Café Maqueta de la Ciudad zeigt ein Stadtmodell im Maßstab 1:1000 die Entwicklung Santiagos.

■ Mariano Corona esq. Bartolomé Masó, Di–So 9–21 Uhr

⑤ **Tivolí**
| **Stadtviertel** |

Das eigenwillige, kosmopolitische Hafenviertel wurde nach einem ehemaligen, von französischen Immigranten gegründeten Konzerthaus benannt. Das Miteinander von Einwanderern aus dem karibischen Raum, Arabern, Chinesen und Spaniern prägt

das reizvolle Viertel der Hafenarbeiter mit seinen engen Gassen und steilen Treppen. Bretterbuden mit eigenwilligen Fassaden, Graffiti, Kinder, die auf den Straßen und Treppen vor den Häusern spielen, und ein faszinierender schmuddelig-morbider Charme sorgen für eine Atmosphäre, wie es sie in Kuba kein zweites Mal gibt. Ein beliebtes Fotomotiv und Treffpunkt der Dominospieler ist die steile Treppe von Padre Pico mit ihren 52 Stufen, die die gesamte Straßenbreite einnehmen. Von oben bietet sich ein herrlicher Blick über die Dächer des Viertels.

 Calle Heredia
| Straßenzug |
Wer an der Kathedrale der Calle Heredia bergauf folgt, erreicht nach einem Häuserblock die berühmte Casa de la Trova (No. 208), in der Compay Segundo und das Trio Matamoros ihre ersten Erfolge feierten. Einen halben Block weiter erinnert eine Gedenktafel an das Geburtshaus des großen lateinamerikanischen Dichters José María Heredia (No. 260). Auf der gegenüberliegenden Straßenseite liegt die urige Buchhandlung Libreria La Escalera (No. 265), die praktisch schon selbst eine Antiquität ist. Der Besuch des Museo del Carnaval (No.303) lohnt sich besonders gegen 16 Uhr, wenn hier eine Folkloreshow gezeigt wird.
■ Museo del Carneval, Di–Sa 9–17 Uhr, 1 CUC

 Museo Bacardí
| Museum |
Zu sehen ist in dem klassizistischen Bau nicht etwa eine Ausstellung zum beliebten Rum, sondern die private Kunstsammlung von Emilio Bacardí Moreau. Dieser war nicht nur Begrün-

Im Blickpunkt

Patrioten und Verräter – der Bacardí-Clan

Nachdem der katalanische Händler Facundo Bacardí angeblich unter mysteriösen Umständen an eine Essenz aus Martinique gelangt war, die dem in Santiago de Cuba produzierten Fusel die Schärfe nahm und zum besten Rum der Welt machte, gründete er 1862 gemeinsam mit seinen Brüdern ein zügig expandierendes Familienunternehmen. Sohn Emilio engagierte sich für die Unabhängigkeit Kubas von Spanien und wurde später Bürgermeister von Santiago de Cuba. Nach dem Sieg der Revolution gehörte die Familie Bacardí zu den ersten Exilanten. Die Fabriken in Kuba wurden enteignet. Der Familie gelang es jedoch, von Puerto Rico aus die Marke zu einem Weltkonzern auszubauen. Weil sich die Bacardís immer wieder für die Aufrechterhaltung des US-Handelsembargos gegen Kuba einsetzten, ist Bacardi Rum unter Sympathisanten von »Cuba socialista« verpönt.

der des Firmenimperiums der wahrscheinlich international bekanntesten kubanischen Marke, sondern auch Bürgermeister der Stadt und Kunstkenner. Das Museum gilt als eines der besten des Landes. Zu den gezeigten Exponaten zählen neben Gemälden und Plastiken aus verschiedenen Epochen auch archäologische Funde aus Zeiten der kubanischen Indigenen, Zeugnisse der Sklaverei und des Un-

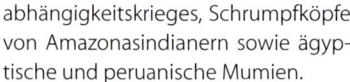

abhängigkeitskrieges, Schrumpfköpfe von Amazonasindianern sowie ägyptische und peruanische Mumien.

■ Tgl. 9–17 Uhr, 2 CUC

8 Plaza Dolores
| Platz |

An dem dreieckigen, begrünten ehemaligen Marktplatz geht es trotz der Erholung versprechenden schattigen Parkbänke auch heute noch sehr laut zu. Seinen Namen hat der Platz von der Kirche Nuestra Señora de la Dolores mit klassizistischen Ziergiebeln, wo an Wochenenden Konzerte stattfinden. Im Gebäude rechts davon befand sich früher ein Jesuitenkolleg, an dem übrigens auch die Castro-Brüder ihre Schulbildung erhielten.

9 Calle Enramadas
| Fußgängerzone |

Die Straße mit dem offiziellen Namen José A. Saco beginnt im Hafengebiet an der Hauptstraße La Alameda, wo sich ein hübscher Park südlich des Uhrenturms erstreckt. Von hier aus steigt der 1,5 km lange Boulevard stetig an, vorbei an Geschäften, Bars und dem frisch restaurierten Vier-Sterne-Hotel Imperial bis hinauf zum alten Exerzierplatz Plaza de Marte, wo früher öffentliche Hinrichtungen stattfanden.

10 Moncada-Kaserne
| Gedenkstätte |

In dem gelb getünchten Gebäudekomplex mit Art-déco-Verzierungen hat sich am 26. Juli 1953 Historisches zugetragen: Der Sturm auf die damals hier befindliche Kaserne markiert den Beginn der Revolution. Der Angriff scheiterte, machte Fidel Castro jedoch im ganzen Land bekannt. Nach dem endgültigen Sturz Batistas wurde das Gebäude wie viele Kasernen im Land in eine Schule umgewandelt. Besucher dürfen nur den Bereich des Geländes betreten, wo die Einschusslöcher zu sehen sind. Ein Museum dokumentiert die Geschichte des Angriffs und den Verlauf der Revolution.

■ Av. Moncada esq. Gen. Portuondo, Di–Sa 9–17, So, Mo 9–13 Uhr, 2 CUC

11 Plaza de la Revolución
| Platz |

Das Gebäudeensemble wurde anlässlich des in Santiago tagenden IV. Parteitags der Kommunistischen Partei Kubas im Jahr 1991 geschaffen und ist eines der letzten Großprojekte der »goldenen Zeit des Sozialismus«. Dominiert wird das Ensemble vom Reiterstandbild Antonio Maceos, des aus der Stadt stammenden Helden des Unabhängigkeitskrieges. Am Teatro Heredia prangt der Slogan des 2008 verstorbenen Comandante Juan Almeida Bosque: »Aqui no se rinde nadie«. Er nimmt Bezug auf dessen berühmt gewordene Aufforderung an seine Kampfgefährten, lieber anzugreifen statt sich zu ergeben.

■ Av. Americas esq. Av. Libertadores

12 Cementerio Santa Ifigenia
| Friedhof |

17 *Letzte Ruhestätte der großen Ikonen kubanischer Geschichte*

Der 1868 angelegte und liebevoll gestaltete Friedhof ist ein Ort des Heldengedenkens. Hier liegen die Gräber der wichtigsten Patrioten Kubas nur einen Katzensprung voneinander entfernt: vom »Vater des Vaterlands« Carlos Ma-

Das imposante Reiterstandbild von General Antonio Maceo dominiert Santiagos Plaza de la Revolución

Im Blickpunkt

Das Erfolgsgeheimnis kubanischer Musik

Vielleicht so harmonisch wie in keinem anderen Teil der Welt verband sich in Kuba die Musiktradition der indigenen Bevölkerung mit den kulturellen Einflüssen der Einwanderer zu einer eingängigen und international erfolgreichen Melange. Die Instrumente der Indigenen, das Rhythmusgefühl der aus Afrika stammenden Sklaven und die Melodien der europäischen Einwanderer verschmolzen zu einer reichen Folkloretradition mit zahlreichen Musik- und Tanzstilen. Von puristischen Zapateo-Tänzen, den »guajiras« der ländlichen Bevölkerung und rhythmischen Sprechgesängen über Rumba, Danzón und dem daraus hervorgegangenen Mambo oder Cha-Cha-Cha bis hin zu Nueva Trova, Salsa und dem Son, der sämtliche Einflüsse zu verschmelzen scheint – die Geschichte der populären Musik, wie wir sie heute kennen, wäre ohne kubanische Einflüsse kaum vorstellbar. Generationen von kubanischen Musikern komponierten Musik, die in fremden Ländern für Furore sorgte, und spielten in international erfolgreichen Orchestern. Die Habanera »La Paloma«, von der nicht weniger als 2000 verschiedene Versionen rund um den Erdball existieren, gilt als das meistgespielte Lied der Welt. Kaum weniger bekannt ist die »Guantanamera«. Mit dem Film »Buena Vista Social Club« von Regisseur Wim Wenders erlangte auch der Musikstil des Son mit viel zu großer Verspätung internationalen Ruhm. »Chan Chan« – das wohl bekannteste Lied des in Playa Siboney (S. 96) geborenen Compay Segundo – stammt aus der Gegend zwischen Alto Cueto und Mayari, etwa eine Stunde Autofahrt nördlich von Santiago de Cuba.

nuel de Céspedes über José Martí, den Helden des Unabhängigkeitskrieges, bis zum »Maximo Lider« Fidel Castro. Staatsflaggen markieren das Grab eines Patrioten. Die rot-schwarzen Fahnen der Bewegung 26. Juli weisen auf die Ruhestätte eines »Helden der Revolution« hin. Gemeinschaftsgrabstätten erinnern an die Opfer des Batista-Regimes und die Gefallenen des Angolakrieges. Im hinteren Bereich des Friedhofs fand der Musiker Compay Segundo seine letzte Ruhe. Sehenswert ist die halbstündlich durchgeführte Zeremonie des Wachwechsels, bei der Kadetten im Stechschritt über das Gelände marschieren.
■ Tgl. 8–18 Uhr, 3 CUC

 Verkehrsmittel

Santiago Bus Tour bedient die Tour Plaza de Marte–Cuartel Moncada–Plaza de la Revolución–Hotel Melia Santiago (tgl. 9–18 Uhr, Tagesticket 5 CUC).

 Parken

Gegenüber dem Hotel Melia gibt es einen bewachten (24 Std., Plan S. 90 östl. c1) Parkplatz. Von hier aus sind es zu Fuß ca. 30 Min. bis Plaza de Marte.

 Restaurants

€ | **Primos Twice** Rustikaler Patio mit Hauspapagei. Gute kubanische Küche und Pizza. ■ P. Valiente (Calvario) No. 262 e/ G. Portuondo (Trinidad) y J. Gomez (Habana), Tel. 22 65 22 78, tgl. 12–22 Uhr, Plan S. 90 östl. b1

€€ | **Paladar El Gourmet** Kleine Perle mit tollem Blick über die Stadt. Geboten wird eine ausgewogene Küche mit Qualität. Guter Mojito-Frappé.

■ Calle 6 No. 420 e/ G y I, Tel. 22 64 06 84, tgl. 12–23 Uhr, Plan S. 90 b1

 Einkaufen

Libreria La Escalera Eine seit 20 Jahren unveränderte antiquarische Buchhandlung, die auch Münzen und Briefmarken führt. ■ Heredia No. 265, tgl. 10–22 Uhr, Plan S. 90 b2

 Konzerte

Casa de la Trova Das wohl schönste Konzerthaus des Landes, ein Heiligtum kubanischer Musik. Hier begeisterten bereits das Trio Matamoros und andere Größen das Publikum. Ein Muss für Fans des Buena Vista Social Club. Programm hängt am Eingang aus. ■ Heredia No. 206, www.promociones.egrem. co.cu, tgl. 11–1 Uhr, 5 CUC, Plan S. 90 b2

Casa de las Tradiciones Der offene Geheimtipp im Tivolí zieht die Musiker der Stadt an, die vom Bolero über Trova bis zur Rumba alles spielen. ■ Jesus Rabi No. 154 e/ J. Diego y C. García, tgl. ab 20.30 Uhr, 1 CUC, Plan S. 90 südwestl. b2

 Kneipen, Bars und Clubs

St. Pauli Nahe Plaza de Marte gelegene Restobar unter der Totenkopfflagge des Hamburger Kiezvereins mit kreativen Gerichten und Disco. ■ Enramadas No. 605, tgl. 12–23 Uhr, Plan S. 90 c2

 Kinder

Parque Baconao Das 32 400 ha große Biosphärenreservat erinnert mit seinen Attraktionen z. T. an einen Freizeitpark. 25 km östlich von Santiago direkt an der Küstenstraße wartet beispielsweise das Valle de la Prehistoria, mit lebensgroßen Betonfiguren von über 200 Dinosauriern, Säbelzahntigern und Mammuts. Und auch das 2 km weiter östlich gelegene Museo Nacional de Transportes bringt mit seinen Oldtimer-Raritäten und über 2500 Modellautos Kinderaugen zum Leuchten. Auf der Rückfahrt lohnt ein Badestopp an der Playa Siboney, dem Hausstrand der Santiagueros. ■ Tgl. 8–17 Uhr, jeweils 1 CUC (mit Ausnahme des Strands), Plan S. 90 östl. c3

 Events

Karneval Vom 25. bis 27. Juli findet der bedeutendste Straßenkarneval Kubas mit großer Beteiligung der Bevölkerung statt. Die Straßen zwischen Plaza de Marte und Hotel Melia Santiago verwandeln sich dann zu 24-Std.-Partymeilen.

 Wandern

Ecotur Wandertouren in den Nationalpark Gran Piedra inkl. Besichtigung der Kaffeeplantage La Isabelica (S.99) ■ Lacret esq. Heredia, Tel. 22 68 72 79, Mo–Fr 8–17 Uhr, Tour 53 CUC (ab 2 Pers., 62 CUC inkl. Mittagessen), Plan S. 90 b2

29 Castillo del Morro

 Piraterie- und Seekriegsmuseum im UNESCO-Weltkulturerbe

 Information

■ Crta. del Morro KM 8, Tel. 22 69 15 69, tgl. 8.30–19 Uhr, 5 CUC

Die 1639-43 unter Leitung des italienischen Militärarchitekten Juan Bautista Antonelli errichtete Festung San Pedro

Die Festung El Morro – Prunkstück der historischen Militärarchitektur in Kuba

de la Roca schmiegt sich terrassenförmig an den Berg (schön zu sehen im Modell im rechten Raum gleich hinter dem Eingang). Die Anlage mit drei Basteien und vier Hauptgeschossen war technisch absolut auf der Höhe der Zeit. Versorgt wurde die Festung über den Wasserweg, mittels eines in den Fels gehauenen Artilleriespeichers. Dennoch gelang es dem Piraten Henry Morgan 1662, sie zu bezwingen und teilweise zu zerstören. Nach dem Wiederaufbau diente das Gemäuer ab 1775 als Gefängnis und seit 1898 als Hauptquartier der US-Besatzungsmacht. Ein Museum (Fotogebühr 5 CUC oder die Kamera am Eingang abgeben) informiert anhand von originalen Exponaten und Tafeln über die Geschichte der Anlage.

Die zum Schutz der engen Hafeneinfahrt gebaute Festung thront auf einem steilen Grat hoch über dem Meer. Zwischen dem 1920 errichteten Leuchtturm und dem Zugang zur Festung erstrecken sich Souvenirstände und ein Restaurant unter freiem Himmel. Die traumhaften Ausblicke von der Steilküste auf das tiefblaue Meer, die einfahrenden Schiffe und die Bucht von Santiago de Cuba allein sind die 10 km lange Anreise wert.

 Parken

200 m östlich des Leuchtturms gibt es einen bewachten Parkplatz.

 In der Umgebung

Cayo Granma
| Fischerdorf |

Das auf einer direkt hinter der Einfahrt zur Bucht gelegenen Insel erbaute bildschöne Fischerdorf mit 750 Einwohnern war einst ein beliebtes Naherholungsziel der Santiagueros. Heute wirkt es eher verschlafen. Die zahlreichen Holzhäuser versprühen aber immer noch viel Charme, einige einfache Tavernen servieren Fisch. Stündliche Fährverbindungen nach Cuidamar 1 km nördlich von El Morro und zur Punta Gorda.

■ Marina Marlin, Calle 1ra A No. 4 (Punta Gorda), Tel. 22 69 14 46, www. nauticamarlin.com

Basilica del Cobre

Das bedeutendstes religiöse Heiligtum der Kubaner

ℹ Information

■ Tgl. 6–18 Uhr, Messe Do-Di 8, So auch 10 und 16 Uhr

Die 1927 zu Ehren von Kubas Schutzpatronin und Nationalheilige, Virgen de la Caridad del Cobre, erbaute Basilika verzaubert mit ihrer Erscheinung vor der Kulisse grüner Berghänge die Besucher bereits von Weitem. Im Kircheninneren sorgen die zahlreichen von den Pilgern aufgestellten Blumen für andächtige Stimmung. (Fotografen sollten allerdings unbedingt den Hinweisschildern Folge leisten!) Im rechten Seitenschiff der Basilika können Kerzen angezündet werden. An den Wänden stellen Bilder die Legende um die heilige Jungfrau dar. Auf den Tischen und Vitrinen liegen Devotionalien wie Orden, Rangabzeichen und sogar olympische Medaillen aus. Die Nobelpreismedaille, die Ernest Hemingway einst hier aufstellte, wird aber sicherheitshalber im Bischofspalast in Santiago aufbewahrt.

Gefällt Ihnen das?

Mit der **Virgen de la Regla** (S. 38) wird in Kuba noch eine zweite Jungfrau verehrt. Die mit der Santería-Heiligen Yemayá assoziierte schwarze Madonna ist zwar in der landesweiten Betrachtung nicht ganz so bedeutend wie die Jungfrau von El Cobre, dafür ist ihr Heiligtum weniger überlaufen und von Havannas Altstadt mit der Fähre in knapp 15 Minuten zu erreichen.

Um die Weihnachtszeit ist das alljährlich aus Pflanzenteilen liebevoll zusammengestellte Diorama im linken Seitenaltar sehenswert.

Das 20 km nordwestlich von Santiago am Fuße der Sierra Maestra gelegene nationale Heiligtum ist bequem über die Carretera Central zu erreichen. Im Ort Melgarejo an der Tankstelle links geht die Zufahrt zur Wallfahrtskirche ab und führt vorbei an Verkaufsständen, die kupferhaltige Steine aus dem nahen Tagebau verkaufen. Diese sollen ihrem Besitzer angeblich Glück bringen, die gelbe Farbe der von fliegenden Händlern feilgebotenen Sonnenblumen wird mit Ochún assoziiert,

ADAC *Spartipp*

Viele Besucher zünden beim Besuch der Pilgerstätte **Kerzen** an, die aufdringliche Händler am Parkplatz hinter der Kirche für 1 CUC pro Stück an die Touristen verkaufen. Im Inneren der Basilika steht gleich rechts vom Eingang ein Verkaufstisch, wo die Kerzen für nur 5 MN bzw. 0,25 CUC verkauft werden.

jener Heiligen der Santería-Religion, die zahlreiche Kubaner in der katholischen Jungfrau von Cobre wiedererkennen.

31 Parque Nacional Gran Piedra

 Top-Aussicht umgeben von Nebelwald und Kaffeekultur

i Information

■ Villa Gran Piedra, Ctra. Gran Piedra KM 14, Tel. 22 68 61 47, Vermittlung von Wanderführern, Zutritt zum Parkgelände 5 CUC
■ Ecotur (S. 96) in Santiago de Cuba organisiert Halbtagesausflüge inkl. Transport und Führer

Das Bergmassiv auf 1000 m Höhe thront wie eine schwebende Insel inmitten der Landschaft des Oriente. Aufgrund des günstigen feuchtkühlen Mikroklimas siedelten sich hier gegen Ende des 18. Jh. französische Kaffeepflanzer an. Ihr wirtschaftlicher Erfolg trug dazu bei, dass Kuba um die Mitte des 19. Jh. zum wichtigsten Kaffeelieferanten der Welt aufstieg. Der Nationalpark umfasst eine Fläche von 3357 ha und schützt v. a. den Bergnebelwald, in dem zahlreiche Zugvögel Zwischenstation machen. Zum 30 km östlich von Santiago gelegenen Park gelangt man nur mit dem Auto oder im Rahmen einer geführten Tour.

Die Schäden, die Wirbelsturm Sandy 2012 hier anrichtete, sind nach wie vor sehr präsent. Erst seit Kurzem können einige Wanderwege wieder begangen werden, jedoch müssen mitunter Baumstämme überwunden werden, und z.T. geht es an steilen Abgründen vorbei. Wer diese Widrigkeiten in Kauf nimmt, wird mit einer abwechslungsreichen Naturlandschaft belohnt, die eine vielfältige Vogel- und Pflanzenwelt sowie spektakuläre Ausblicke bereithält.

 Sehenswert

Gran Piedra
| Gipfel |

Eine Eisentreppe führt zur Spitze des mit 70 000 t größten Monolithen Kubas, der sogar im »Guinness-Buch der Rekorde« steht. Auf 1234 m Höhe werden Besucher überwältigt von einem erstklassigen Rundumblick über den gesamten Ostteil der Insel. Auch die Einfahrt zur Bucht von Guantánamo mit der US-Militärbasis (S. 101) ist gut

zu erkennen. Fliegende Händler verkaufen Kunsthandwerk und selbst gemachte Schokolade.

Cafetal La Isabelica
| Kaffeeplantage |

Die Plantage trägt den Namen der ehemaligen Lieblingssklavin des Besitzers Victor Constantin Cuzeau, die er bei seiner Flucht aus dem benachbarten Haiti nach Kuba mitnahm. Seiner späteren Ehefrau soll er zwar den Rang einer Dame, niemals jedoch die Freiheit zugestanden haben. Bei der restaurierten Anlage aus dem frühen 19. Jh., die heute ein Freiluftmuseum ist, handelt es sich um die letzte noch erhaltene der einst zahlreichen Kaffeeplantagen in der Region. Viele Betriebe wurden im Lauf der Unabhängigkeitskriege von aufständischen

Der Blick vom Gipfel Gran Piedra lohnt den mühseligen Aufstieg

ADAC *Mobil*

> Auch wenn die lokale Bevölkerung z.T. mit klapprigen Oldtimern unterwegs ist, sollten Sie für Touren in die Berge ein geländegängiges **Allradfahrzeug** nutzen. Die Straßen sind zum Teil sehr steil, und es können immer wieder Hindernisse und Überspülungen entlang der Route auftreten.

Sklaven (»Mambises«) niedergebrannt, um den verhassten Sklavenhaltern die ökonomische Basis zu entziehen. Der zweistöckige Gebäudekomplex umfasst Trockenöfen, eine Küche, eine Mühle und die mit einem ausgeklügelten Drainage-System versehenen Trockenterrassen. Im oberen Stockwerk, von wo aus der Blick bis zum Meer schweift, befanden sich die Privatquartiere, während die Säcke mit verkaufsfertigem Kaffee unter dem Dach gelagert wurden.

■ Tgl 8–16 Uhr, 2 CUC

 Verkehrsmittel

Autofahrer erreichen den Park über eine 12 km lange, spektakuläre Straße, die auf über 1000 m ansteigt und durch verschiedene Vegetationszonen führt. Die Straße beginnt in Las Guásimas und erreicht schließlich die Villa Gran Piedra (Hotel, Restaurant). Von dort führt ein gut ausgebauter Weg über 432 Stufen zum Gipfel und eine Erdpiste zur Kaffeeplantage La Isabelica.

32 Conjunto Historico de Birán

Geburtshaus der Revolutionäre Fidel und Raúl Castro

 Information

■ Finca Las Manacas, 82900 Birán, Tel. 24 28 61 14, Di–So 9–16 Uhr, 10 CUC

Die 80 km nördlich von Santiago de Cuba und 7 km östlich von Marcané

Beliebtes Ziel kubanischer Schulklassen: das ehemalige Wohnhaus der Castros

Im Blickpunkt

Der US-Militärstützpunkt Guantanamo Bay

Im Jahre 1903 schlossen Kuba und die USA einen auf 99 Jahre angelegten Pachtvertrag für ein 117 km² großes Areal beiderseits der Zufahrt zur Bucht von Guantánamo. Dieser Vertrag war Bedingung für die Entlassung des Landes in die Unabhängigkeit und wurde 1934 von einer Marionettenregierung, die stark von den USA beeinflusst war, auf unbestimmte Zeit verlängert. Während die Kubaner den Vertrag heute anfechten, beharren die USA auf dessen Einhaltung. Jahr für Jahr bezahlen die USA Pachtgebühr und senden einen Scheck in Höhe von 4085 US-Dollar nach Kuba, der jedoch seit dem Jahr 1959 nicht mehr eingelöst wurde. »Gitmo« – wie sie im Soldatenslang liebevoll genannt wird – ist die wichtigste US-Marinebasis außerhalb der USA. Zwei Flughäfen, eine Klinik, Wohnsiedlungen, 44 Wachtürme und ein 28 km langer Grenzzaun gehören zum Gelände. Die Häftlingslager des Stützpunkts sorgten als Folterzentrum für vermeintliche Terroristen international für Negativschlagzeilen. Noch immer werden dort Terrorverdächtige festgehalten.

gelegene Ortschaft Birán ist in erster Linie wegen der hübschen Finca las Manacas, 3 km nördlich des Zentrums, von touristischem Interesse. Dieses Anwesen erwarb der 1905 nach Kuba emigrierte junger Galizier Angel Castro, der im Unabhängigkeitskrieg noch auf Seiten der Spanier gekämpft hatte. Hier kamen seine Söhne und späteren kubanischen Staatschefs Fidel und Raúl zur Welt, und hier verbrachten diese auch ihre Kindheit.

Das rekonstruierte Wohnhaus und die umliegenden Gebäude sind heute ein Museum. Neben viel Originalinterieur gibt es das Bett, in dem Fidel Castro geboren wurde und den Ford »Modell T« des Vaters zu sehen. Einige Mitglieder der Familie Castro sind auf dem weitläufigen Gelände der Finca begraben. Kurz nach der Revolution war die Plantage eine der ersten, die bei der Landreform als Großgrundbesitz unter den Arbeitern aufgeteilt wurden.

`33` Bayamo

Authentisch kubanische und geschichtsträchtige Stadt der Kutschen

ℹ Information

■ Infotur, Pl. del Himno esq. J. Palma, 85100 Bayamo, Tel. 23 42 34 68, www.granma.travel, tgl. 8–16 Uhr

Die dicht besiedelten, fruchtbaren Schwemmlandebenen des Río Cauto waren einst ein Zentrum des Widerstands der indigenen Bevölkerung gegen die Unterwerfung durch die Spanier, die hier 1513 die zweite Stadt der Insel gründeten. La Heroica, wie Bayamo auch genannt wird, gilt als Wiege des kubanischen Nationalismus. Hier wurde von Carlos Manuel de Céspedes die erste kubanische Republik ausgerufen und die Abschaffung der Sklaverei proklamiert. Die bekannte kubanische Hymne

»La Bayamesa« erklang hier zum ersten Mal. Als die Stadt 1869 belagert wurde, zogen es die Einwohner vor, ihre Stadt niederzubrennen, anstatt sie den königlichen Truppen zu überlassen. Ein Besuch der sauber und aufgeräumt wirkenden Stadt lohnt sich weniger wegen der kaum vorhandenen historischen Gebäude. Sehenswert sind vielmehr die vielen für den öffentlichen Nahverkehr bis heute unersetzlichen Pferdegespanne. Die Stadt ist zudem Ausgangspunkt für Touren in die Sierra Maestra.

 Sehenswert

Parque Céspedes
| Platz |

Der Platz ist nach dem »Vater des Vaterlands« und ersten Präsidenten der kubanischen Nation benannt, dessen Geburtshaus an der Nordseite des Platzes liegt. Die Casa Natal de Céspedes ist eines der wenigen Häuser, die nicht vom Stadtbrand 1869 zerstört wurden, und beherbergt heute ein

ADAC *Wussten Sie schon?*

Das traditionelle Erfrischungsgetränk der Bauern im Oriente ist **Pru Oriental**, ein gekochter und anschließend fermentierter Sud aus heimischen Wurzeln und Lianen, Ingwer, Pimentblättern, Zimt und Zucker. Wer das Getränk auf der Straße kauft, weiß jedoch nie, ob die Neugierde am Ende mit Durchfall bestraft wird. Der Fabrikverkauf der Marke »Rey del Cauto« an der nördlichen Ortseinfahrt von Bayamo bietet hygienisch unbedenklichen Pru zum Spottpreis an. Unbedingt probieren!

Museum. Die Büste gegenüber der Céspedes-Statue zeigt Perucho Figueredo, den Dichter und Komponisten der kubanischen Nationalhymne. Am südlichen Ende des Platzes beginnt die Fußgängerzone Calle General García, die zu den attraktivsten Boulevards im ganzen Land zählt.

■ Casa Natal de Céspedes, Maceo No. 57, Di–So 9–13 Uhr, 1 CUC

Iglesia Mayor de San Salvador
| Kirche |

Im Osten geht der Parque Céspedes direkt in die Plaza del Himno über, die ihren Namen der Tatsache verdankt, dass auf dem Vorplatz der Kirche am Fronleichnamstag 1868 erstmals die kubanische Hymne intoniert wurde. Die erste Kirche stand an dieser Stelle bereits im Jahr 1516. Der jetzige Bau stammt von 1740 und wurde nach dem verheerenden Stadtbrand restauriert. Lediglich die Capilla la Dolorosa ist noch original erhalten. Über dem Altar ehrt ein Bildnis die Unabhängigkeitskämpfer.

■ Tgl. 9–12 Uhr

 Restaurants

€–€€ | Meson La Cuchipapa Im Ambiente einer Bodega wandelt man hier kulinarisch auf den Spuren der Indigenen, die unter »cuchipanda« eine Auswahl verschiedener leichter Speisen verstanden, die bei traditionellen Festen gereicht wurden. Auf der Speisekarte stehen »ajiaco« (Eintopf) und »cassabe« (Maniokbrot). Mixgetränke werden in Tongefäßen serviert und mit frischem Zuckerrohr gesüßt, welches die Gäste selbst auspressen dürfen. ■ Parada esq. Mármol. Tel. 23 41 19 92, tgl. 11–23 Uhr

Geburtsort der kubanischen Nationalhymne: die Kirche in Bayamo

Kneipen, Bars und Clubs

Casa de la Trova Koloniales Gebäude mit schattigem Patio. Tagsüber Barbetrieb, ab 21 Uhr traditionelle Livemusik. ■ Maceo No. 111 esq. Martí, Di–So 10–1 Uhr

Events

Fiesta de la Cubania Volksfest vom 17. bis 20. Oktober mit Konzerten, Lesungen, Theatervorführungen, Schachturnieren, Drehorgelmusik etc. an verschiedenen Orten der Stadt. Weitere Informationen zu Kulturveranstaltungen unter www.crisol.cult.cu.

Erlebnisse

Estadio Mártires de Barbados Baseball-Spiele während der Saison der Liga von Oktober bis April. ■ Ctra. Central, 2 km östl. des Zentrums

Paradiso Granma Kutschfahrten inklusive Besuch der einzigen noch im Betrieb befindlichen Kutschenfabrik des Landes. Darüber hinaus werden Wandertouren in die Sierra Maestra und zum Nationalpark Desembarco del Granma organisiert. ■ Casa de la Trova, Tel. 23 41 18 44, E-Mail: paradisogr@scgr.artex.cu, Mo–Sa 9–15 Uhr, 10 CUC

34 Parque Nacional Pico Turquino

 Auf den Spuren der Revolution an Kubas höchstem Berg

i Information

■ Ecotur, Villa Santo Domingo, 88000 Granma, Tel. 23 52 64 13

Gerade einmal 15 km trennen den mit 1974 m höchsten Gipfel des Landes von den steinigen Stränden der

Karibik. In diesem unzugänglichen Gebiet nahm 1956 eine von Fidel Castro geführte Guerillatruppe den Kampf gegen die Truppen des Diktators Batista auf. Die Botschaft der Revolutionäre fiel bei der hier lebenden ländlichen Bevölkerung (»guajiros«) damals auf fruchtbaren Boden. Ein Freiluftmuseum zeugt heute von den Kampfhandlungen.

In der Region in und um den Nationalpark, der nicht weniger als zwei Dutzend verschiedene Vegetationszonen umfasst, sind nach wie vor sogenannte »bohios« zu sehen, einfache Behausungen, die nach denselben Prinzipien und mit den gleichen Materialien errichtet werden wie zu Zeiten vor Ankunft der ersten Europäer. Haustiere wie die typischen Stockschweine, Hühner, Ziegen und Pferde bewegen sich frei in der Landschaft.

 Sehenswert

Comandancia de la Plata
| Freiluftmuseum |

Ein Rundweg führt vorbei an im Wald verstreuten Bretterbuden, die auf dem Höhepunkt der Kampfhandlungen das Hauptquartier der Revolutionäre beherbergten. Zu sehen gibt es ein kleines Museum: Zu den Exponaten zählen medizinische Instrumente, mit denen der Truppenarzt – ein gewisser Dr. Guevara – seinerzeit hantierte, und eine Schreibmaschine, auf der Fidel Castro die ersten Gesetze des revolutionären Kubas niedertippte (von denen einige noch heute in Kraft sind). Der mit Kerosin betriebene Kühlschrank in der Casa de Fidel wurde zum Aufbewahren von Medikamenten genutzt. Das klobige Gerät ist von den Spuren eines Bombensplitters ge-

Wanderweg mit Meerblick im Nationalpark Pico Turquino

Gefällt Ihnen das?

Bei denen in der Comandancia ausgestellten Sendeanlagen von Radio Rebelde handelt es sich um Repliken. Die Originalgeräte sind im **Museo de la Revolución** (S. 27) in Havanna ausgestellt.

zeichnet, den es bei einem Luftangriff während des Transports in die Berge abbekommen hat. Die Sendestation von »Radio Rebelde« auf dem nahe gelegenen Hügel war von großer Bedeutung für den Gewinn der Massen.

■ Nur mit einer Tour (s. u.) zu erreichen

 Verkehrsmittel

Öffentliche Verkehrsmittel reichen nur bis zum Ort Barlolomé Masó. Vom dortigen Hotel Balcón de la Sierra verkehren **Sammeltaxis** in das 14 km südlich gelegene Santo Domingo, wo der Zugang zum Nationalpark liegt.

 Wandern

Ecotur in der Villa Santo Domingo (S. 107) organisiert geführte Wanderungen im Nationalpark, inkl. Transport über Kubas steilste Straße zum Alto de Naranjo, wo die Wanderungen beginnen. Eine Route führt zur Comandancia (s. o., 6 km, 37 CUC ab 2 Pers.), ein weit beschwerlicherer Weg auf den Pico Turquino (28 km, 88 CUC ab 2 Pers. inkl. Übernachtung in einer Schutzhütte). Der Gipfel erlaubt aufgrund der dichten Vegetation keinen Ausblick, aber der etwas unterhalb gelegene Aussichtspunkt Piedra Grande bietet Fernsicht bis in das nördliche Tiefland. Mitteleuropäische Wanderer sollten die Bedingungen keineswegs mit de-

nen heimischer Mittelgebirge verwechseln. Feuchtwarmes Klima und rutschige Wege können die steilen Aufstiege zur Tortur machen.

 Parque Nacional Desembarco del Granma

Historischer Landungsort der Revolionäre und Naturerlebnis für Puristen

i **Information**

■ Flora y Fauna, 87800 Belic, tgl. 8–17 Uhr, www.snap.cu, Touren nur mit Führer; am besten über Anbieter in Bayamo reservieren (z. B. Paradiso Granma, S. 103)

Vielleicht wird es niemals aufgeklärt werden, ob es Teil eines genialen Plans oder doch eher Zufall war, dass am 2. Dezember 1956 eine Jacht mit 82 Revolutionären unter der Führung von Fidel Castro an Bord gerade an Kubas entlegenstem Strandabschnitt landete. Das historische Ereignis, mit dem der bewaffnete Kampf gegen das Batista-Regime begann, stand Pate bei der Namensgebung für den 1985 geschaffenen Nationalpark, der 1999 als Weltnaturerbe deklariert wurde. Nachdem Wirbelsturm Sandy die Küstenroute nach Santiago für schwere Fahrzeuge unpassierbar gemacht hat, ist es noch ruhiger geworden an Kubas südlichstem Punkt. Das ist gut für Hunderte endemische Arten, die in dem 32 500 ha großen Schutzgebiet leben. Das von Trockenwald bewachsene, mit vielen Höhlen und Dolinen geprägte Gebiet besitzt die höchsten marinen Kalksteinterrassen der Welt, die bis zu 100 m senkrecht ins Meer abfallen.

Übernachten

Die Unterkünfte im Zentrum von Santiago de Cuba punkten mit der Nähe zum Nachtleben, während die großzügigen, in der Vorstadt gelegenen Hotels und Pensionen Erholung von der stressigen Innenstadt versprechen. Die Unterkünfte in der Provinz und auf dem Land sind weniger komfortabel, machen dies aber häufig durch die authentische Atmosphäre vor Ort wett. Da in den touristisch weniger frequentierten Regionen des Oriente die Zahl der Alternativen limitiert ist, sollte gerade bei Reisen in diese ländlichen Regionen die Unterkunft vorab reserviert werden.

Santiago de Cuba 88

€ | Casa Azul Modern gestaltete Pension in der Innenstadt, zwei Doppelzimmer mit Kühlschrank, Bad, Terrasse zum Patio und Dachterrasse. Gastgeberin Norka ist Dozentin an der Universität und immer bestens informiert über aktuelle Veranstaltungen in der Stadt. ■ Cornelio Robert (Jagüey) No. 121 e/ Padre Pico y Escudero, Tel. 22 62 03 19, E-Mail: norkacabrales 2015@nauta.cu

€ | Casa 3 Ana Schickes, erdbebensicher gebautes modernes Gebäude einen Block unterhalb des Balcón de Velázquez. Sechs Doppelzimmer mit Bad im OG mit Terrasse sowie Dachterrasse im 3. OG mit Panoramablick auf die Stadt und die Bucht, Wäscherei. ■ Lino Boza (Mangachupa) No. 17 e/ Padre Pico y San Basilio, Tel. 22 62 21 92

€ | Casa Victor y Yaima Nur einen Block vom Padre Pico entfernt. drei Zimmer (2 DZ und 1 EZ), jeweils mit eigenem Bad, im farblich geschmackvoll abgestimmten Puppenhausambiente. Dachterrasse mit Rundumblick. Wäscherei, Garage. ■ Padre Pico No. 310 e/ Lino Boza y San Basilio, Tel. 22 65 90 15

€€ | La Hiedra Elegante Villa im kalifornischen Stil mit 400 m² Wohnfläche, Bibliothek, Veranda, drei hellen Suiten mit gehobener Einrichtung und Terrasse. Zum Haus gehört ein 1000 m² großer Garten und ein Innenhof, Grillplatz, Wäscherei, Massagen, Tourenvermittlung, Garage. ■ Calle 13 No. 258 e/ 10 y 12 (Vista Alegre), Tel. 22 64 29 61, www.lahiedradecuba.com

€€€ | Hotel Melia Santiago Wer in dem bunt bemalten Klotz wohnt, hat keine Probleme, im unübersichtlichen Santiago sein Hotel zu finden. Das Innere kann sich sehen lassen: über 300 geräumige Zimmer und Suiten mit Wannenbad, ein umfangreiches gastronomisches Angebot in verschiedenen Bars und Restaurants, vielseitiges Buffet, Dachterrasse mit Bar in der 15. Etage mit Blick über das gesamte Umland, sehr schöne Pool-Anlage, Fitnessbereich, Tennisanlagen. ■ Av. Las Américas e/ 4 y M, Tel. 22 68 70 70, www. melia-santiagodecuba.com

Parque Nacional Gran Piedra 98

€€ | Villa Gran Piedra Mitten im Nationalpark, umgeben von Nebelwald auf über 1100 m Höhe liegt diese einfache Anlage mit Bungalows. Genau das Richtige für alle, die besinnliche Abgeschiedenheit ohne viel Komfort suchen. ■ Ctra. Gran Piedra KM 14, Tel. 22 68 61 47

Bayamo 101

€ | **Balcón de Bayamo** Einfach, aber liebevoll eingerichtetes komplettes OG eines Privathauses, zwei Doppelzimmer mit Bad und Terrasse mit Blick auf den Platz (WLAN-Zone). Wäscherei. ■ Parada No. 16 e/ Martí y Marmol, Tel. 23 42 38 59

€ | **Hostal Bayamo** Außerhalb des Zentrums gelegene Herberge mit drei Zimmern auf zwei Etagen. Dachterrasse mit kleinem Pool. Vermittlung von Ausflügen in die Sierra Maestra. ■ Av. Amado Estevez No. 67 e/ 8 y A, Tel. 23 42 91 27, www.hostalbayamo.com

Parque Nacional Pico Turquino 103

€ | **Heidi en la Montaña** Wenige Meter unterhalb der Villa Santo Domingo. Zwei Zimmer mit Bad, einfachem Komfort, Küchennutzung und separatem Eingang, Dachterrasse, Frühstück. ■ Santo Domingo, Tel. 23 52 64 26

€–€€ | **Casa Sierra Maestra** Pension in einem rustikalen Holzhaus mit zwei Doppelzimmern und vier Cabañas mit einfachen, gemütlichen Zimmern, z.T. mit Gemeinschaftsbad. Das nette Restaurant serviert gute Hausmannskost. Am Parkeingang links abbiegen (Parkmöglichkeit), die Herberge befindet sich jenseits der Brücke auf der anderen Seite des Flusses. ■ Santo Domingo, Tel. 23 56 44 91, www.casa sierramaestra1.com

Die schmucke Kathedrale in Bayamo ist einer der ältesten Kirchenbauten im Land

€€–€€€ | **Villa Santo Domingo** Garten mit sechs zweistöckigen Holzhäusern mit je vier Zimmern und einem Dutzend Cabañas. Restaurant, Parkplatz. ■ Santo Domingo, Tel. 23 52 64 12 (Reservierung: Islazul, Bayamo, Tel. 23 42 69 89)

Parque Nacional Desembarco del Granma 105

€ | **Casa de Arjeo y Ermida** Romantische Cabaña mit Bad und Klimaanlage. ■ Antonio Guiteras No. 836, Pilón, Tel. 52 61 67 87 (Mobil), www.cuba 2pilon.wordpress.com

€€–€€€ | **Club Amigo Marea del Portillo** Traumhafte Lage über dem Meer: All-inclusive-Anlage mit 280 Zimmern z.T. in Bungalows, Wassersport, Tauchbasis. ■ Ctra. Granma KM 12, Pilón, Tel. 23 59 70 08, www.cubanacan.cu

Der atlantische Osten: Kuba exotisch

Wovon schon Kolumbus schwärmte – der östlichste Teil beeindruckt mit ungezügelter Natur und Abgeschiedenheit

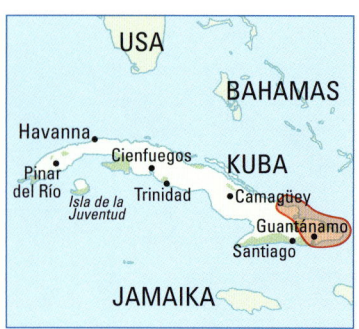

Küste und Hinterland im entlegenen Osten Kubas sind von wildromantischer Schönheit. Hier konnten Traditionen fortbestehen, die in anderen Teilen der Insel längst von späteren Einflüssen überdeckt wurden. Kolumbus passierte auf seiner ersten Reise in die Neue Welt genau jenen Küstenabschnitt zwischen dem heutigen Gibara und Baracoa. Die Insel, die von den Ureinwohnern »Cubao« genannt wurde, war die zweite Station des Entdeckers in Amerika, und seinen Logbucheinträgen zufolge wähnte er sich ganz in der Nähe des irdischen Paradieses. Die Strände von Guardalavaca und Cayo Saetía vor der Bahía de Nipe haben in der Tat etwas Paradiesisches an sich. Die Gegend um Baracoa auf dem östlichsten Zipfel Kubas ist der wohl exotischste Teil des ganzen Landes. 80 % des landesweit produzierten Kakaos werden hier angebaut. Die üppige tropische Natur findet sich auch auf dem Teller wieder: Seltene Früchte, exotische Aromen und nur hier vorkommende Fischarten verleihen der lokalen Küche eine ganz besondere Note. Die leuchtenden Mandelaugen von so manch einem Bewohner verweisen auf eine indigene Bevölkerung, die auf den restlichen karibischen Inseln fast ebenso verschwunden ist wie der »almiqui«, eine Art überdimensionierte Spitzmaus, die im Humboldt-Nationalpark ihr letztes Refugium hat.

In diesem Kapitel:

ADAC Top Tipps:

 Baracoa
| Ortsbild |

Abgeschiedenes Kleinod mit idyllischer karibischer Landschaft und zahlreichen kulinarischen Spezialitäten – hier kam bereits Kolumbus ins Schwärmen. 116

ADAC Empfehlungen:

 Chorro de Maita, bei Guardalavaca
| Ausgrabungsstätte |
Die größte vorspanische Begräbnisstätte der Karibik gibt Einblick in das Leben der Indigenen. 113

 Cayo Saetía
| Insel |
Irdisches Paradies mit weißen Sandstränden, türkisblauem Meer und einem Hauch von Serengeti. 115

 Parque Nacional Alejandro de Humboldt
| Nationalpark |
Der von der Küste bis auf über 1100 m Höhe reichende Nationalpark bewahrt ein Stück ursprüngliche Karibik. 116

 Rancho Toa, Baracoa
| Restaurant |
Naturnaher Ranchón mit lokalen Spezialitäten und Bootsanleger am »kubanischen Amazonas«. 119

 El Castillo, Baracoa
| Hotel |
Das auf den Grundmauern einer ehemaligen Festung erbaute Hotel bietet den perfekten Blick auf die landschaftliche Schönheit der Umgebung Baracoas. 120

Beste Aussichten über Holguín vom Aussichtspunkt Loma de la Cruz

36 Holguín

Kulturhochburg des Oriente mit guter touristischer Infrastruktur

 Information

■ Infotur, Pico Cristal, Libertad esq. Martí (Parque Calixto García), 80100 Holguín, Tel. 24 42 50 03, www.holguin.travel, Mo–Fr 8.30–16.30 Uhr

Die mit knapp 300 000 Einwohnern viertgrößte Stadt des Landes ist den meisten Ortsfremden nur aufgrund ihres internationalen Flughafens und als Produktionsstandort vieler nationaler Biersorten wie Cristal, Bucanero und Mayabe ein Begriff. Die sehr modern wirkende, im streng rechtwinkligen Straßenraster angelegte Stadt ist stolz auf ihre vielen Parks und ihr reges Kulturtreiben. Der etwa 10 km südöstlich der Stadt gelegene Mirador de Mayabe ist ein schöner Aussichtspunkt mit Restaurant (tgl. 10–18 Uhr, 3 CUC).

 Sehenswert

Museo de Historia Natural
| Museum |

Naturhistorisches Museum mit einer mineralogischen sowie einer paläontologischen Sammlung mit einigen gut erhaltenen Funden. Außerdem gibt es Exemplare der kleinsten Vertreter der Inselfauna zu sehen. Höhepunkt ist die weltgrößte Sammlung an Polymitas-Schnecken.

■ Maceo No. 129 e/ Martí y Luz Caballero, Mo–Fr 8–16 Uhr, 1 CUC

Loma de la Cruz
| Aussichtspunkt |

Wer die 458 Treppenstufen auf den 275 m über dem Meer gelegenen Hügel am nördlichen Ende der Calle Maceo meistert, wird mit einem Restaurant (tgl. 12–22 Uhr) und einem schönen Rundumblick auf die Stadt und die Umgebung belohnt. Das 1790 hier aufgestellte Kreuz ist Ziel der alljährlichen Prozession am 3. Mai.

Restaurants

€€ | 1910 Das Gourmetrestaurant ist in einem eklektizistischen Bürgerhaus im Zentrum untergebracht. Viele Grillgerichte und z.T. ausgefallene Kreationen kommen hübsch dekoriert auf den Teller. Kreative Vorspeisen und eine gute Bar mit beachtlicher Weinauswahl. ■ Martires No. 143 e/ Aricochea y Cables, Tel. 24 42 39 94, www.1910restaurantebar.com, tgl. 10–24 Uhr

 Kinder

Parque Infantil Toller Spielplatz, auf dem sich die Kinder der Einheimischen so richtig austoben. ■ Maceo esq. Habana

 Events

Romerías de Mayo Alljährlich am 3. Mai ziehen christliche Pilger mit dem Wahrzeichen der Stadt, einer legendären Axt der Indigenen, auf den Hügel Loma de Cruz. Zu diesem Anlass finden in der ersten Woche im Mai viele Kulturveranstaltungen und ein Trommlertreffen statt. ■ www.romeriasdemayo.cult.cu

37 Gibara

Küstenstädtchen mit Charme und zahlreichen Festivals

Dieses verträumte Fischerstädtchen zieht sich abseits der Touristenströme über sanfte Hügel an einer Bucht. Es konnte sich viel von seinem ursprünglichen Charme bewahren. Die etwa 35 000 Einwohner zählende »Perle des Ostens« wird wegen ihrer schicken, weiß getünchten Kolonialhäuser auch

Im Blickpunkt

Vom Verschwinden der Polymitas-Schnecken

Die in Ostkuba heimische kubanische Landschnecke (Polymita picta) zählt mit ihrer Farbenvielfalt zu den schönsten Schnecken der Welt. Das wird ihr nun zum Verhängnis: Die ursprünglich von Schamanen für zeremonielle Zwecke genutzten Schneckenhäuser wurden im Laufe der Jahre zu einem begehrten Schmuckartikel. Obwohl der Bestand mittlerweile gefährdet ist und die Tiere unter strengem Schutz stehen, kommt es immer noch vor, dass die Gehäuse Touristen zum Kauf angeboten werden. Diese riskieren nicht nur Geldstrafen bei der Ausfuhr, sondern auch das ökologische Gleichgewicht der Insel. Denn die Schnecken schützen Pflanzen vor Infektionen, indem sie Algen von den Blättern fressen.

als »Villa Blanca« bezeichnet. Seit 2003 rückt die einst wichtigste Hafenstadt der Region mit dem alljährlichen Festival Internacional del Cine Pobre in den Fokus von Cineasten.

 Sehenswert

Museo de Historia Natural
| Museum |
Neben Walskeletten gibt es in dem naturhistorischen Museum auch eine Schmetterlingssammlung und Polymitas-Schnecken zu bestaunen. ■ Luz Caballero No. 23, Tel. 24 84 44 58, tgl. 9–17 Uhr, 2 CUC

Karibik wie aus dem Reiseprospekt: weiße Palmenstrände in Guardalavaca

Restaurants

€–€€ | Perla del Norte Auf der Panoramaterrasse mit tollem Meerblick werden in erster Linie schmackhafte Fisch- und Fleischgerichte serviert. ■ Céspedes No. 5 e/ Peralta y Luz Caballero, Tel. 24 84 45 42, tgl. 11–22 Uhr

Events

Festival Internacional del Cine Pobre Regisseur Humberto Solás setzte sich persönlich dafür ein, dass dieses Filmfest ins Leben gerufen wurde. Das alternative Kinofestival zeigt Low-Budget- und Dokumentarfilme v. a. aus lateinamerikanischen und afrikanischen Ländern. Der Termin variiert von Jahr zu Jahr. ■ www.ficgibara.com
Festival de Cine Cueva de los Panaderos Bei diesem Kinofestival im März werden Filme unter Stalaktiten gezeigt – in einem Höhlensystem am Stadtrand. ■ www.baibrama.cult.cu
Festival de Musica Electronica Stereo G Alljährlich im Juli/August verwandeln DJs aus unterschiedlichen Provinzen des Landes den 18 km nordwestlich gelegenen Strand Playa Caletones (bekannt für seine Naturpools) in eine Open-Air-Tanzfläche. ■ www.ahs.cu

38 Guardalavaca

Postkartenidylle mit weißen Sandstränden und touristischer Infrastruktur

i Information

■ Infotur, Hotel Club Amigo Atlántico, 12345 Aguada de Piedra, Tel. 24 43 01 93

Kilometerlange, von Palmen gesäumte Strände mit leuchtendem Puderzuckersand, außerdem ruhiges, türkisblaues Wasser und farbenprächtige vorgelagerte Korallenriffe machen diesen Ort zu einem Sehnsuchtsziel für erholungssuchende Pauschaltouristen. Das zu den wichtigsten Touristenhochburgen des Landes zählende Strandparadies befindet sich ganz in der Nähe jener Stelle, an der Kolumbus am 28. Oktober 1492 erstmals kubanischen Boden betrat.

Erlebnisse

Ecotur Geführte Touren zu den Pinares de Mayarí (S. 114). ■ Hotel Brisas Guardalavaca, Tel. 24 43 01 55, 80 CUC
Marlin Marina Guardalavaca Dieser Anbieter hat Ausflüge mit Motorboot oder Jetski sowie Schnorchelexkursionen im Programm, zudem Katamaranfahrten nach Cayo Saetía, Segeltörns und Ausflüge zum Hochseefischen. Das angeschlossene Tauchzentrum Eagle Ray bietet Kurse (der Tauchorganisation ACUC) und zweimal tgl. Tauchgänge zu 20 verschiedenen Tauchplätzen (z. T. mit versenktem Kriegsgerät) an. ■ Tel. 24 43 04 74, www.nauticamarlin.com

In der Umgebung

Chorro de Maita
| Ausgrabungsstätte |

 Bedeutendste vorspanische Begräbnisstätte der Karibik
Inmitten der ruhigen Hügellandschaft abseits der Küste entdeckten Archäologen einen indigenen Friedhof aus der Zeit kurz vor der Ankunft der Europäer. Teile der Ausgrabungsstätte und Grabbeigaben wie Schmuck aus Perlen, Korallen und Gold, aber auch zeremonielle und Alltagsgegenstände können besichtigt werden.
Rund um die Anlage wurde die Lebensweise der einst hier lebenden Tainos in dem Freiluftmuseum Aldea Taína nachgestellt. Die vor und in den Rundhütten aufgestellten Holzfiguren stellen die Menschen jener Zeit bei typischen Tätigkeiten dar und sorgen vor dem Hintergrund der herrlichen Um-

Im Blickpunkt

Das Schicksal der indigenen Bevölkerung

Schätzungen gehen davon aus, dass bei Ankunft der Europäer im Jahr 1492 etwa 100 000 Angehörige der indigenen Volksgruppen Siboney und Taino auf Kuba lebten. Kolumbus notierte in seinem Logbuch, »dass sie sehr fügsam und ohne jeden Harm sind und über keinerlei Waffen verfügen«. Nach kurzen Kämpfen war der indigene Widerstand gebrochen und das Land wurde, wie auch die Besiegten selbst, wie eine Kriegsbeute unter den siegreichen Spaniern aufgeteilt. Durch Zwangsarbeit, eingeschleppte Krankheiten wie die Pocken sowie Massensuizide sank die Zahl der ursprünglichen Bevölkerung innerhalb von nur einem Jahrhundert, nachdem die Spanier die Insel zum ersten Mal betreten hatten, auf etwa 2000 Individuen. Die Nachkommen wurden zu einem Teil der sich allmählich herausbildenden Bauernschaft, deren Mitglieder in Kuba als »guajiros« bezeichnet werden.

gebung und dem Meer für tolle Fotomotive. Auch wenn hier eher die Atmosphäre als die tatsächlichen Funde im Vordergrund stehen, lässt das Ganze doch erahnen, warum Kolumbus hier einst ins Schwärmen geriet.

■ Cerro de Yaguajay, Ctra. a Banes, 6 km südl. von Guardalavaca, Tel. 24 43 02 01; Chorro de Maita, Mo–Sa 9–17, So 9–13 Uhr, 2 CUC; Aldea Taína, tgl. 9.15–16 Uhr, 5 CUC

39 Pinares de Mayarí

Hochebene mit Kiefernwäldern und dem höchsten Wasserfall Kubas

 Information

■ Villa Pinares de Mayari, Tel. 24 50 33 08, www.gaviota-grupo.com

Quasi in Sichtweite der Mondlandschaft um das Bergbauzentrum Moa können Besucher die Schönheit der intakten Naturlandschaft der Sierra del Cristal bewundern, die nur wenige Kilometer weiter dem Abbau von Nickel geopfert wurde. Die kühlen Temperaturen der auf 600 m über dem Meeresspiegel gelegenen, prärieartigen Hochebene Altiplanicie de Nipe lassenden größten zusammenhängenden Kiefernwald der Insel gedeihen. Flüchtlinge von der Nachbarinsel Haiti legten hier im frühen 19. Jh. erste Kaffeeplantagen an. Heute ist die Gegend das Hauptanbaugebiet in Kuba. Die dünn besiedelte Gegend diente während des ersten Unabhängigkeitskriegs als Regierungssitz der »Republik in Waffen« unter dem Präsidenten Carlos Manuel de Céspedes. Raúl Castro eröffnete hier 1958 mit einem Trupp von Revolutionären die zweite Front. Teile der »kleinen Schweiz« Kubas rund um den 1231 m hohen Pico del Cristal wurden bereits 1930 unter Naturschutz gestellt, v. a. um die umfangreichen Bestände der begehrten Kubakiefer zu schonen. Zusammen mit dem benachbarten Nationalpark La Mensura bildet das Gebiet ein Refugium für viele bedrohte Tierarten und gilt als einer der Orte mit der höchsten Biodiversität in Kuba. Die touristische Entwicklung des Gebiets steckt jedoch noch in den Kinderschuhen.

 Sehenswert

Salto del Guayabo
| Wasserfall |

546 m über dem Meeresspiegel ergießt sich das Wasser in zwei nahezu vertikalen Kaskaden über 85 und 127 m in die Tiefe. Ein etwa 1 km langer Wanderweg führt durch Nebelwald direkt bis an die Fälle. Oberhalb befindet sich eine kleine Lodge mit Restaurantbetrieb und einfachen Unterkünften. Von dem mit Flusswasser aus den Bergen gespeisten Pool genießt man eine wundervolle Aussicht auf die Berge und das dahinterliegende Meer.

■ 12 km südl. der Ortschaft Mayarí, tgl. 8–16 Uhr, 3 CUC

ADAC *Mobil*

Am einfachsten ist die Anreise zu den Pinares de Mayarí im Rahmen einer geführten Tour von Guardalavaca aus (S. 113). Die Anfahrt über die sich südlich von Mayarí steil heraufwindende **Erdpiste** sollten nur geübte Fahrer mit Allradfahrzeug und bei trockener Witterung wagen. Die Anfahrt von Süden über Mella ist wegen der schlechten Straße nicht zu empfehlen.

40 Cayo Saetía

*Ferienparadies der Castros mit
Stränden und Safari-Feeling*

Auf den steil ins Meer abfallenden, von
Wind und Brandung erodierten Sand-
steinklippen sonnen sich Leguane, die
wie urzeitliche Wesen erscheinen. Dazwischen breiten sich idyllische kleine
Strandabschnitte mit weißem Sand
aus. Nur wenige Zentimeter unter der
Wasseroberfläche warten farbenfrohe
Korallen, und in dem türkisblauen,
glasklaren Wasser lassen sich Fische
vom Ufer aus beobachten. Für private
Jagdvergnügen ließ die kubanische
Führungsriege, allen voran die Castro-
Brüder, afrikanisches Großwild wie Ze-
bras und Strauße im savannenartigen
Inselinneren ihres Feriendomizils aus-
setzen, wo deren Nachkommen heute

noch anzutreffen sind. Später wurde
der Cayo, der nur durch einen schmalen Kanal von der Hauptinsel getrennt
ist, für den sanften Tourismus geöffnet. Tagesgäste werden ab 8 Uhr am
Kontrollposten (11 CUC) über die Brücke gelassen und müssen die Insel
bis 17 Uhr wieder verlassen. Besucher
dürfen die Strandinfrastruktur im Ranchón de la Playa nutzen. Dort kann
auch das Mittagsbuffet (Wasserbüf-
felragout, Straußensteak) genossen
werden (15 CUC). Die Insel kann auch
von Guardalavaca aus im Rahmen
einer Tagestour mit dem Katamaran
(S. 113) erreicht werden. Das Hotel
Villa Cayo Saetía (S. 120) ermöglicht
längere Aufenthalte. Selbstfahrer müssen von Mayarí kommend bei Caji-
maya links abbiegen und 5 km vor
dem Ort Felton rechts auf eine Schot-
terpiste einbiegen.

Die ländliche Gegend um Mayarí gilt als die »kleine Schweiz« der Insel

Parque Nacional Alejandro de Humboldt

 Einzigartiges Ökosystem in der »Arche Noah der Karibik«

ℹ Information

■ Oficina Flora y Fauna, Bahía de Taco, Nibujón, Ctra. a Moa KM 34, Tel. 24 38 14 31, www.snap.cu, tgl. 9–17 Uhr, Eintritt 10 CUC

Obwohl Alexander von Humboldt den Osten Kubas niemals erreichte, wird er doch mit einigem Recht als »zweiter Entdecker« der Insel bezeichnet. Der erst im Jahr 2001 eingerichtete Nationalpark wurde daher auch zu Ehren des deutschen Naturforschers benannt. Auf einer Fläche von 700 km² hat hier ein undurchdringliches Ökosystem in seiner ganzen Ungezähmtheit überdauert, wie es sich einst den ersten Entdeckern auf dem gesamten Kontinent präsentiert haben muss. Der Park beinhaltet eine Vielfalt an Lebensräumen, von den Korallenriffen und Mangroven an der Küste bis zu Feucht- und Pinienwäldern in Höhenlagen von über 1100 m Höhe. Mehr als 400 der hier vorkommenden Tier- und Pflanzenarten sind endemisch. Dazu gehört auch der Kubanische Schlitzrüssler (»almiqui«), eine Säugetierart, die zwischenzeitlich bereits als ausgestorben galt. Durch das Unterholz rauscht die winzige Bienenelfe (die kleinste Kolibriart), im Laub verstecken sich das Monte-Iberia-Fröschchen und die selten gewordenen pastellfarbenen Polymitas-Schnecken; Seekühe durchziehen die Bahía de Taco. Wanderwege erschließen nur einen klei-

Gefällt Ihnen das?

Wenn es Ihnen die Polymitas-Schnecken angetan haben, sollten Sie die weltgrößte Sammlung dieser Tierchen im **Museo de Historia Natural** in Holguín (S. 110) oder die ebenfalls große Sammlung im naturgeschichtlichen Museum von **Gibara** (S. 111) besuchen.

nen Teil des Parks. Kundige Führer wissen jedoch, wo die Bewohner des Parks anzutreffen sind. Der Park darf nur im Rahmen einer geführten Wanderung besucht werden, die von verschiedenen Agenturen im nahen Baracoa (S. 119) organisiert werden.

Die Anfahrt zum 34 km nördlich von Baracoa gelegenen Park gestaltet sich immer noch abenteuerlich, seitdem Wirbelsturm Matthew im Dezember 2016 den extremen Osten der Insel verwüstet hat. Behelfsmäßig wurden Erddämme errichtet, um ein Passieren der Flüsse zu ermöglichen. Im Norden ist der Park durch eine mit Schlaglöchern übersäte Erdpiste mit dem Bergbauzentrum Moa verbunden.

Baracoa

 Exotische Düfte im abgeschiedenen Inselosten

ℹ Information

■ Infotur, Maceo No. 129 e/ F. País y Maraví, 97310 Baracoa, Tel. 21 64 17 81 82, www.baracoa.travel, Mo–Sa 8.30–16.45 Uhr

Kolumbus ging am 1. Dezember 1492 in der Bucht unter dem gewaltigen Sattelberg El Yunque vor Anker und gab ihr den Namen Porto Santo. Knapp

20 Jahre später landete Diego de Velázquez mit etwa 400 meuternden Kolonisten von der Nachbarinsel Hispaniola und gründete hier die zweite spanische Kolonie in Amerika. Die Spanier errichteten drei Forts, um Piraten vom östlichsten Punkt der Insel fernzuhalten, der durch undurchdringlichen Dschungel vom Rest des Landes völlig isoliert war. Bis zur Fertigstellung der nach Guantánamo führenden Serpentinenstraße La Farola im Jahr 1965 war die Stadt nur über den Seeweg mit dem restlichen Kuba verbunden. In diesem bergigen und niederschlagsreichsten, mit dichtem Wald bedeckten Teil der Insel beschenkt die überbordende Natur die lokale Küche mit einer riesigen Vielfalt an Zutaten für schmackhafte traditionelle Speisen. Kakaodüfte und Kokosaromen prägen den wohl exotischsten Ort Kubas.

 Sehenswert

Malecón
| Strandpromenade |
Die baumlose Uferpromenade verbindet die beiden ehemaligen Festungen Fuerte La Punta (heute ein Restaurant) und Fuerte Matachin, wo heute das kleine, aber feine Stadtmuseum untergebracht ist. Auf halbem Weg befindet sich das Hotel La Rusa (esq. Calle Frias), wo einst eine russische Tänzerin prominente Gäste beherbergte.

■ Museo Municipal, Mo–Sa 8–18 Uhr, 1 CUC

Iglesia Nuestra Señora de la Asunción
| Kirche |
Dieses koloniale Kleinod erhebt sich im Zentrum der hübschen Altstadt. Gleich am Eingang links ist das Cruz de

Das verschlafene Städtchen Baracoa war lange Zeit vom Rest der Insel isoliert

In der Region Baracoa wird die Kakaopflanze noch traditionell verarbeitet

la Parra ausgestellt. Bei dem aus einheimischem Holz gefertigten, ältesten katholischen Relikt in Amerika soll es sich um jenes Holzkreuz handeln, das Kolumbus bei seiner Landung in der Bucht von Porto Santo aufstellen ließ. Datierungen scheinen dies zu bestätigen. Damit wäre es das einzig erhaltene von 29 Kreuzen, die dem großen Entdecker zugeschrieben werden. Vor dem Eingang der Kirche erinnert die Büste von Häuptling Hatuey an den »ersten Rebellen Kubas«.

■ Pl. Independencia, tgl. 8–11, 14–17, Messe 18 Uhr

Casa Museo del Cacao
| Museum |

Achtzig Prozent des landesweit geernteten Kakaos stammt aus Baracoa. Geschichte und Verarbeitung des einstigen Exportschlagers werden hier anhand weniger Exponate und vieler Schautafeln erläutert. Dazu wird Tafelschokolade aus der nahen Fabrik verkauft. Im Patio werden heiße Schokolade und andere Getränke serviert. Wer hier auf den Geschmack gekommen ist, kann in der benachbarten Casa del Chocolate dazu auch Gebäck und Eis kaufen.

■ Maceo esq. F. País, tgl. 8–21 Uhr, Eintritt frei

Museo Arqueológico La Cueva del Paraíso
| Museum |

Das Museum ist in einer Höhle untergebracht, die vor Ankunft der Spanier bewohnt war. Die Ausstellung umfasst mehr als 2000 Exponate, darunter Keramiken, Skelette und Petroglyphen aus der Zeit der Ureinwohner. Ein Aussichtspunkt beschert einen tollen Blick über die Stadt.

■ Moncada (final), tgl. 8–17 Uhr, 3 CUC

Restaurants

€–€€ | Paladar Marco Polo Restaurant, Café und Bar auf drei Stockwerken. Ganz oben befindet sich eine Dachterrasse mit Meerblick. Viele lokale Spezialitäten, Frühstück, Barbetrieb (Happy Hour 16–19 Uhr). ▤ Malecón No. 82, Tel. 21 64 10 59, tgl. 8–23 Uhr

 €€ | Rancho Toa In idyllischer Natur direkt am Río Toa gelegener Ranchón. Auf den Tisch kommen rustikale lokale Spezialitäten: z. B. »ajiaco« in der Bambusterrine, ein auf Bananenblättern serviertes Spanferkel. Der Hausdrink wird in einer ausgehöhlten Bitterorange serviert. Zur Verdauung bietet sich eine Bootstour auf dem wasserreichsten Fluss Kubas an (3 CUC). ▤ Ctra. Moa KM 8, Tel. 21 64 52 24, tgl. 8–19 Uhr

Kneipen, Bars und Clubs

Casa de la Trova Das Wohnzimmer der Stadtbewohner ist immer gut gefüllt. Drinnen tanzen Jung und Alt zu Livemusik (tgl. ab 17 und 21 Uhr). Und wenn es doch mal zu voll wird, tanzt man eben auf dem Platz vor dem Eingang. Die Drinks werden in Konfitüregläsern serviert. ▤ Maceo No. 149

✳ Erlebnisse

Casa de La Cultura Neben abendlicher Livemusik finden in dem Kulturzentrum tagsüber Tanz- und Trommelkurse statt. Auch eine Galerie gibt es hier. ▤ Maceo No. 124, Tel. 21 64 23 64

Finca Duaba Auf der ehemaligen Kakaoplantage an der Zufahrt zum Hausberg El Yunque gibt es einen Kakaolehrpfad, wo Früchte von Kakaobäumen verkostet werden können.

Vielleicht lässt sich auch eine Besichtigung der weltweit einzigen Fabrik für die leckeren »cucuruchos« (Fabrikverkauf) oder der von Che Guevara eingeweihten Schokoladenfabrik arrangieren. ▤ Ctra. a Moa KM 3, tgl. 9–16 Uhr

Gaviota Tours Touren auf den Hausberg El Yunque (16 CUC), zum Boca de Yumurí (20 CUC) und in den Humboldt-Nationalpark, wo verschiedene geführte Wanderungen einschließlich Strandaufenthalt in Playa Maguana angeboten werden (je 23 CUC). Mofa-Vermietung. ▤ Maceo No. 126 esq. F. País (Hotel La Habanera), Tel. 21 64 51 64

Sport

Baracoa Bike Rental Verleih von Mountainbikes und Trekkingfahrrädern. Camilo kennt die besten Routen und hilft bei der Planung. ▤ Juración No. 1 e/ Martí y R. Coutin, www.baracoabikerental.com, So–Fr 7–18 Uhr, Verleih 6–10 CUC (inkl. Schloss)

In der Umgebung

Playa Maguana
| Strand |

Der 20 km nördlich von Baracoa vor traumhafter Naturkulisse gelegene Strand ist der schönste der ganzen Region. Hier gibt es auch Restaurants und einfache Unterkünfte.

Boca de Yumurí
| Schlucht |

An der 28 km östlich von Baracoa gelegenen Mündung des gleichnamigen Flusses gibt es einen Ranchón mit Bar. Hier legen Boote zum Cañon de Yumurí ab, der mit seinen 180 m hohen Kalksteinwänden beeindruckt.

▤ Tgl. 9–17 Uhr, Bootsfahrt 2 CUC

Übernachten

Mit Ausnahme von Guardalavaca sind moderne Hotelkomplexe in diesem Landesteil nicht verbreitet. Privatpensionen sind dagegen zahlreich und entsprechen den Bedürfnissen der meisten Urlauber. Hier und dort sorgt ein schickes Hotel für Abwechslung, wie z. B. das kürzlich eröffnete Segundo Frente, das nun auch Komfort liebenden Urlaubern die Möglichkeit eines Aufenthalts in den Pinares de Mayarí ermöglicht.

Holguín 110

€ | **Casa Lorenzo Eduardo** Vier schöne Doppelzimmer nahe Loma de la Cruz, Parkplatz, Terrasse, Jacuzzi, Swimmingpool. ▪ Maceo No. 454, Tel. 24 45 52 81, E-Mail: lisyfonseca@nauta.cu

Gibara 111

€ | **Hostal Sol y Mar** Haus nahe dem Malecón mit gewagter Farbgestaltung über mehrere Ebenen mit Terrassen, sechs Zimmer mit separatem Eingang, Meerblick; Gastgeber spricht Deutsch. ▪ Peralta No. 59, Tel. 52 40 21 64 (Mobil)
€€€ | **Hotel E Ordoño** Kolonialer Charme im höchsten Gebäude der Stadt: Das 2013 eröffnete Hotel bietet 27 Doppelzimmer in einem restaurierten Gemäuer mit Säulen und Marmorbädern. Dachterrasse mit Meerblick. ▪ Peralta esq. Marmol, Tel. 24 84 44 48

Pinares de Mayarí 114

€€–€€€ | **Hotel Segundo Frente** 52 Doppelzimmer in Cabañas mit Balkon, Vier-Sterne-Komfort mit Pool, Tenniscourt, Gym und Jacuzzi. Garden Villa mit privatem Pool, Sauna, Garage. ▪ Mayari Arriba, Ctra. Micara Civil, Tel. 22 42 62 56, www.cubanacan.cu

Cayo Saetía 115

€€–€€€ | **Villa Cayo Saetía** Die 16 Doppelzimmer in drei verschiedenen Kategorien sind auf Bungalows verteilt, die direkt am Strand liegen, zwei Restaurants. ▪ Tel. 24 51 69 00 01, www.villacayosaetia.com

Baracoa 116

€ | **Casa Colonial Gustavo y Yalina** 1890 erbautes Haus eines Kakaohändlers aus Marseille, renoviert und erweitert, fünf Doppelzimmer auf zwei Etagen mit separatem Eingang, Dachterrasse, Wäscherei, Parkplatz. ▪ F. Crombet No. 125, Tel. 21 64 58 09
(25) €€ | **El Castillo** Auf Resten der Festung Seboruco von 1739 errichtetes Hotel. Die 62 Zimmer mit Balkon sind zwar keine Verwöhnoasen, aber die Aussicht vom Pool auf die malerische Bucht, den Hausberg El Yunque und das Meer gehört zu den schönsten Fotomotiven Kubas (auf Zimmer im OG im Nebengebäude bestehen!). Das Hotel befindet sich auf einer Anhöhe; wer die steilen Treppenstufen vermeiden möchte, muss mit dem Auto bis zur Lobby fahren. ▪ Loma del Paraiso, Tel. 21 64 51 65, www.gaviota-grupo.com

Beim **ADAC Infoservice**, in den **ADAC Geschäftsstellen** sowie auf dem **Internetportal des ADAC** (adac.de) erhalten Sie Informationen zu den Dienstleistungen des Automobilclubs und zu Ihrem Reiseziel.

Rufen Sie bei Notfällen und Pannen den **ADAC Notruf** bzw. den **ADAC Auslandsnotruf** an. Unser Team steht Ihnen rund um die Uhr zur Verfügung.

ADAC Infoservice

Tel. 0 800/510 11 12
Infos zu allen ADAC Leistungen
(Mo–Sa 8–20 Uhr, gebührenfrei)

ADAC Notruf Deutschland

Tel. 0 180/222 22 22
(24 Std., ca. 6 ct/Anruf, max. 42 ct/Min.
aus deutschem Mobilfunknetz)

ADAC Notruf Mobil-Kurzwahl

Tel. 22 22 22
(Gebühren variieren je nach
Netzbetreiber)

ADAC Auslandsnotruf

Tel. +49/89/22 22 22
(Gebühren variieren je nach
Netzbetreiber und Land)

Internet-Serviceangebote des ADAC für Ihre Reiseplanung

Service	Webadresse
Aktuelle Verkehrslage	adac.de/verkehr
ADAC Routenplaner	adac.de/maps
Infos zu Tankstellen und Spritpreisen	adac.de/tanken
Infos zu mautpflichtigen Strecken	adac.de/maut
Infos zu Fährverbindungen	adac.de/faehren
ADAC TourMail (Aktuelle Infos vor Anreise)	adac.de/tourmail
Informationen für Camper	adac.de/camping
Informationen für Motorradfahrer	adac.de/motorrad
Informationen für Segler und Skipper	adac.de/sportschifffahrt
ADAC Reiseangebote	adacreisen.de
ADAC Autovermietung	adac.de/autovermietung
ADAC Versicherungen für den Urlaub	adac.de/versicherungen
Weltweite Preisvorteile für ADAC Mitglieder	adac.de/vorteile-international

Diese **Produkte des ADAC** könnten Sie interessieren: **ADAC Reiseführer Florida**, **ADAC Reiseführer USA Südstaaten** und **ADAC Reisemagazin Kreuzfahrten** – erhältlich im Buchhandel, bei den ADAC Geschäftsstellen und in unserem ADAC Online-Shop (adac.de/shop).

Anreise und Einreise

Flugzeug

Die wichtigsten internationalen Flughäfen in Kuba sind **Havanna** (HAV), **Varadero** (VRA) und **Holguin** (HOG). An allen Standorten gibt es Touristeninformationen, Wechselstuben und Mietwagenverleih. Die am häufigsten von Besuchern aus dem deutschsprachigen Raum gebuchten Fluglinien sind Condor, Air France, KLM, Iberia, Air Europa und Edelweiss. Die Flugzeit beträgt etwa zehn Stunden.

Einreise und Dokumente

Für die Einreise ist ein mindestens sechs Monate gültiger **Reisepass**, ein **Weiter- oder Rückflugticket** sowie eine in Englisch oder Spanisch verfasste Bestätigung über eine **Auslandskrankenversicherung** einschließlich Nummer der Versicherungspolice Pflicht. Außerdem benötigen alle Touristen, selbst Kinder unter zwei Jahren, eine **Touristenkarte** (A1 Visum), die vom kubanischen Konsulat in Berlin (Gotlandstr. 15, 10439 Berlin, Tel. 030/44 79 31 09, www.misiones.minrex.gob.cu/de/deutschland) oder von der Außenstelle in Bonn (Kennedyallee 22–24, Tel. 02 28/30 90) ausgestellt wird. Kurzfristiger und günstiger kann die Touristenkarte über Reiseveranstalter, Airlines sowie online unter www.cubavisa.net erworben werden. Das Visum kostet 25 CUC und gilt 30 Tage. Vor Ort kann die Karte einmalig um 30 Tage verlängert werden (weitere Infos unter www.havanna-original.de). Pass und Touristenkarte werden des Öfteren routinemäßig von Beamten kontrolliert und sollten bei Reisen im Land und auch bei Ausflügen ins Nachtleben immer mitgeführt werden.

Insbesondere in entlegenen Gebieten ist das Mitführen des Reisepasses im Original obligatorisch.

Gepäck

Alltagswaren sind in Kuba z.T. schwer zu bekommen und teuer. Das Gepäck sollte daher von Batterien und Adaptern bis hin zu Gewürzen alles enthalten, was auf der Reise benötigt wird. Da verspätetes Gepäck erst nach Tagen bis Wochen seinen Besitzer erreicht, sollte das Handgepäck eine **Notausstattung** für die ersten Tage enthalten.

Auto und Straßenverkehr

Führerschein und Papiere

Ein **EU-Führerschein** genügt, um ein Mietfahrzeug in Kuba zu mieten. Touristen dürfen in Kuba nur Fahrzeuge mit der Kennzeichnung »T« wie Turismo auf dem Nummernschild fahren.

Straßennetz und Sicherheit

Kubas **Straßennetz** ist dichter und besser ausgebaut als in anderen Ländern der Region und v. a. entlang der Hauptrouten durchgängig asphaltiert und mit der nötigen Infrastruktur versehen. Nur im Bereich zwischen Pinar del Río und Sancti Spíritus sowie der Umgebung von Santiago de Cuba gibt es Autobahnen. Auch hier sollten Autofahrer nicht nur wegen der plötzlich auftretenden **Schlaglöcher** stets voll konzentriert sein. Das Fehlen der Mittelleitplanke nutzen einige Fahrzeuge zu spontanen Fahrtrichtungswechseln. Bei vielen Verkehrsteilnehmern funktionieren Abblendlichter, Rücklichter oder Blinker nicht. Auch Rückspiegel sind nicht immer vorhanden. Bei Spurwechseln oder Überholmanövern wird gewöhnlich warnend gehupt. Zudem bevölkern Fußgänger, Radfahrer, Pferdegespanne, fliegende Händler und mitunter orientierungslos über die Fahrbahn laufende Rinder die Straßen. An **Bahnübergängen** ist wegen der hoch aus dem Asphalt ragenden Schienen Vorsicht geboten. **Nachtfahrten** sollten unter allen Umständen vermieden werden. Gefahrenstellen wie z. B. Fahrbahnabbrüche, Felsstürze oder Unfallorte sind meist unbeleuchtet. Nicht asphaltierte Nebenstrecken sind nach längerem Regen häufig nicht befahrbar.

Tempolimits in Kuba

Straße	Tempolimit
Autobahn	100 km/h
Landstraße	90 km/h
Innerorts	50 km/h

Verkehrsvorschriften

Da im Straßenverkehr hauptsächlich Berufskraftfahrer unterwegs sind, werden viele Dinge informell geregelt. Ortsfremde sollten stets defensiv fahren und viel Aufmerksamkeit für die anderen Verkehrsteilnehmer mitbringen. Ein aufmerksamer Beifahrer ist aufgrund der schlechten Beschilderung vorteilhaft, eine Straßenkarte oder Offline-Navigationsgerät dringend angeraten. **Einbahnstraßen** sind in Städten mit rechtwinkligem Straßenraster die Regel, jedoch nur ungenügend gekennzeichnet. **Vorfahrtsschilder** mit dem Wort »PARE« haben die gleiche Bedeutung wie unsere Stoppschilder, »Ceda el Paso« heißt Vorfahrt gewähren. Ein durchgestrichenes »E« steht für Parkverbot. Ampeln chinesischer Bauart zeigen in rückwärts herunterzählenden Ziffern die Dauer der jeweiligen Grün- oder Rotphase an. **Alkohol am Steuer** ist in Kuba strikt verboten. Die Mitnahme von kleinen Kindern ist nur angeschnallt auf dem Rücksitz erlaubt. Ein Kindersitz ist nicht Pflicht.

Maut

Maut wird nur in Varadero und an den Zugängen nach Cayo Santa Maria und Cayo Coco erhoben: auf allen Strecken 2 CUC für einen PKW.

Tanken

Kuba verfügt über ein flächendeckendes Tankstellennetz. Die Filialen der Ketten Servi-Cupet und Oro-Negro sind rund um die Uhr geöffnet. Gezahlt wird ausschließlich mit Bargeld. Die Kosten für das von den modernen Mietwagen verbrauchte **Super-Benzin** (»Especial«) belaufen sich auf rund 1,20 CUC pro Liter. Gerade bei Fahrten in abgelegene Regionen sollte ein Reservekanister mitgeführt werden.

Parken

Da häufig Teile von Autos abmontiert werden und schon Kleinigkeiten, die sichtbar im Auto liegen, zum Einbruch verleiten, sollten Fahrzeuge unbedingt auf bewachten Parkplätzen abgestellt werden. Diese sind mit privaten oder staatlichen Aufsehern (»parqueadores«) besetzt. Letztere sind anhand ihrer roten Westen mit Havana-Club-Emblem, Käppi und Lichtbildausweis zu erkennen. Die Parkkosten sind nicht verbindlich geregelt und rangieren zwischen 1 CUC für einige Stunden bis zu 3 CUC für eine ganze Nacht.

Unfall und Panne

Die kubanischen Notfall-Telefonnummern sind auch in den Mietwagenverträgen nachzulesen. Im Fall eines Unfalls sollte die **Polizei** (Tel. 106) gerufen und eine Kopie des Polizeiberichts für die Mietwagengesellschaft angefertigt werden. Ausländer, die in Unfälle mit Personenschaden an Einheimischen verwickelt sind, dürfen unter Umständen bis zur Klärung ihrer Unschuld das Land nicht verlassen. **Pannenhilfe** erhalten ADAC-Mitglieder über einen kubanischen Partner-Automobilclub unter Tel. +49 89 22 22 22.

 Barrierefreies Reisen

Kuba bietet kaum barrierefreie Infrastruktur im öffentlichen Raum. Fahrstühle sind häufig defekt, Rampen (falls vorhanden) steil, Bordsteine selten abgeschrägt und die Bürgersteige eng und holprig. In Großstädten haben mehrspurige Avenidas z.T. kilometerlang keinen Fußgängerüberweg, und öffentliche Verkehrsmittel verfügen über keine Einstiegshilfen. Lediglich einige große Hotels und Resorts sind in Teilen barrierefrei.

 Diplomatische Vertretungen

Die einzigen konsularischen Anlaufstellen befinden sich in Havanna:

Deutsche Botschaft
■ Calle 13 No. 652 e/ A y B, Tel. 78 33 25 39, www.havanna.diplo.de, Mo–Fr 9–12 Uhr

Österreich
■ Av. 5ta A No. 6617 esq. Calle 70, Tel. 72 04 28 25, www.havanna-ob@bmeia.gv.at, Mo–Fr 8–12 Uhr

Schweiz
■ Av. 5ta no. 2005 e/ 20 y 22, Tel. 72 04 26 11, www.eda.admin.ch/havana, Mo–Fr-9–12 Uhr

 Einkaufen

Der Kauf von Dingen des täglichen Bedarfs in Kuba ist zeitaufwendig und teuer. Gerade technisches Spezialzubehör ist häufig gar nicht zu bekommen. Typische **Souvenirs** sind Kunsthandwerk, Zigarren und Rum. Für Antiquitäten und Kunst benötigen Sie u.U. eine **Ausfuhrgenehmigung** des Fondo de Bienes Culturales (Calle 17 No. 1009, Vedado, Havanna). Schon beim Kauf von Kunstoriginalen, deren Format die Größe A4 übersteigt, sollte auf den Stempel (Kostenpunkt 3 CUC) auf der Rückseite geachtet werden, der zur Ausfuhr berechtigt.

 Feiertage

1. und 2. Januar (Triumph der Revolution), Karfreitag, 1. Mai (Tag der Arbeit), 26. Juli (Sturm auf Moncada-Kaserne), 10. Oktober (Beginn der Unabhängigkeitskämpfe), 25. Dezember (Weihnachten). Fällt der Feiertag auf einen Sonntag, ist der darauf folgende Montag arbeitsfrei.

 Fotografieren

Kuba ist ein Paradies für Fotografen. Menschen auf der Straße stört es meist kaum, wenn sie von Touristen abgelichtet werden. Jedoch sanktionieren Staatsbeamte allzu auffälliges Fotografieren jeglicher Art von Anlagen bzw. von Angehörigen des Militärs und der Polizei sowie Szenen der Mangelwirtschaft wie lange Schlangen, Bettler, Umweltzerstörung und Demos.
In vielen Sehenswürdigkeiten wird eine **Fotogebühr** verlangt (1–5 CUC). In Touristenzentren posieren oft Kostümierte für 1 CUC für ein Foto.

Festivals und Events

Januar
Festival de Jazz Plaza (Mitte Jan., Havanna und Santiago de Cuba, www.jazzcuba.com) – Aufeinandertreffen der weltbesten Jazzmusiker.

Februar
Feria Internacional del Libro (Feb. und März, in allen Provinzstädten, Auftakt in Havanna, www.filcuba. cult.cu) – Eine der wichtigsten Buchmessen in Lateinamerika mit großer Anteilnahme der Bevölkerung.

Bunter Karneval in Havanna

März/April
Maratón de la Esperanza (Mitte März) – Landesweiter Lauf über 3 km. Radio Reloj gibt um 10 Uhr morgens den Startschuss.
Karfreitag und Ostersonntag (landesweit) – Große Prozessionen in Trinidad, Remedios und Camagüey.

Mai
1. Mai (landesweit) – Parade auf der Plaza de la Revolución der Provinzhauptstädte, Hauptakt in Havanna.
Mayo Teatral (alle 2 Jahre Mitte Mai, landesweit, www.casadelasamericas. org) – Theateraufführungen nationaler und internationaler Gruppen.

Juli/August
Karneval (25.–27. Juli in Santiago de Cuba, Anfang August in Havanna) – Bunt geschmückte Gruppen mit Mottowagen tanzen entlang der Hauptstraßen.

September
Día de Nuestra Señora de Regla / Día de la Virgen de la Caridad del Cobre (7. und 8. Sept., in Havannas Stadtteil La Regla und El Cobre) – Prozessionen zu den Wallfahrtskirchen und Messen im ganzen Land.
Festival Internacional Cubadisco (Mitte Sept.) – Musiker senden ihre Aufnahmen zum Instituto Cubano de Musica. Nominierungen und die Prämierung finden mit Livekonzerten in den Provinzstädten statt, Endausscheid in Havanna.

Oktober
Jornada de la Cultura (10.–20. Okt., landesweit) – Open-Air-Konzerte und andere Kulturveranstaltungen in den Provinzhauptstädten. Zentraler Festakt ist die »Fiesta de la Cubania« in Bayamo.

Dezember
Festival del Nuevo Cine Latinoamericano (Anfang Dez., Havanna, www.habanafilmfestival.com) – Das internationale Filmfestival zeigt neueste Filmproduktionen aus Lateinamerika.
Parrandas (Ende Dez., Remedios, Chambas, Bejucal, Caibarien, Zulueta, Camaguani) – Traditionelles karnevalsähnliches Spektakel: Festumzüge, Chorgesänge und Feuerwerk.

Geld und Währung

Offiziell darf nur in staatlichen **Wechselstuben (CADECA)** und Banken Geld umgetauscht oder abgehoben werden. Dabei ist immer der Pass im Original vorzulegen und eine Übernachtungsadresse anzugeben. Mit längeren Wartezeiten ist zu rechnen. Vom Umtausch bei inoffiziellen Geldwechslern wird abgeraten. Bargeld sollte am besten in Form von Euro oder Schweizer Franken mitgeführt werden. Beim **Umtausch von US-Dollar** wird ein Abschlag von 10 % erhoben. Mehr zum Thema Währung siehe S. 30.

Kreditkarten

Bei Kreditkartenzahlungen erfolgt die Abrechnung immer in US-Dollar, womit der **Zwangsabschlag** auch bei bargeldlosen Zahlungen fällig wird. Kartenzahlung ist meist nur in Touristenzentren möglich. Kreditkarten US-amerikanischer Institute wie American Express und Diners Club sowie deren Tochtergesellschaften (z. B. Targobank) können wegen des US-Embargos nicht verwendet werden. Sehr praktisch ist die Nutzung von **VISA-Karten**, während die Akzeptanz von Mastercard eingeschränkt ist und EC-Karten gar nicht akzeptiert werden.

Geldautomaten

Wer über eine Kreditkarte mit PIN verfügt, kann am Automaten Bargeld abheben. Diese zeigen auf dem Display an, über welche Banknoten sie verfügen. Sollte der Automat den Vorgang abbrechen, versuchen Sie es an einem anderen, der 20- oder 50-CUC-Noten ausgibt. Kleinere Noten sind oft gegen Tagesende vergriffen. Bei jeder Abhebung fallen Auslands- und Automatengebühren an. Bei hin und wieder auftretenden Internetstörungen oder Stromausfällen sind die Karten nicht nutzbar. Daher sollte man stets eine **Bargeldreserve** für mehrere Tage bereithalten. Größere Scheine werden oft nicht angenommen, deswegen sollte immer ein Grundstock an 3-, 5-, und 10-CUC-Scheinen vorhanden sein. Während der Reise nicht verbrauchte CUC-Banknoten können am Flughafen in andere Devisen zurückgetauscht werden. Weitere Infos zum Thema unter www.havanna-original.com.

Wechselkurse
(Stand März 2019)

1 €	1,14 CUC (27 MN)
1 CUC (24 MN)	0,88 €
1 CHF	1 CUC (24 MN)

Preise

Verglichen mit anderen Ländern der Region liegt das Preisniveau höher, denn viele für den Tourismus relevante Wirtschaftsbereiche wurden in Staatshand monopolisiert. Individualurlauber müssen mit höheren Ausgaben als Pauschaltouristen rechnen.

Kosten im Urlaub
(durchschnittliches Preisniveau)

Espresso	1,50 CUC
Softdrink / Bier	1,50 CUC
Glas Wein	3 CUC
Cocktail	3 CUC
Frühstück in einer Privatunterkunft	5 CUC
Mittag/Abendessen (Portion)	10 CUC
1 l Benzin	1,20 CUC
1 Std. Internet	1,50 CUC

Gesundheit

Die medizinische Versorgung ist selbst im entlegensten Winkel des Landes hervorragend. Für Ausländer ist die **Erstbehandlung** in Notfällen bei allen medizinischen Einrichtungen kostenlos. In anderen Fällen müssen besondere internationale Kliniken aufgesucht werden. Impfungen sind für Kuba-Reisen nicht vorgeschrieben. Viele Bars verwenden abgekochtes Wasser für die Herstellung von Eiswürfeln. Vorsicht ist bei ungeschältem Obst geboten. Das **Trinkwasser** ist zwar für den Verzehr geeignet, dennoch wird der Kauf von abgepacktem Wasser empfohlen. Viele Touristen haben dennoch während des Aufenthalts **Magen-Darm-Beschwerden**.
Bei Aufenthalten im Freien ist auf ausreichende Flüssigkeitsversorgung zu achten. Innenräume sind oft klimatisiert; hier sollte immer ein zusätzliches Kleidungsstück griffbereit sein.

Haustiere

Vor der Mitnahme von Haustieren nach Kuba ist eine **Prüfung durch das kubanische Konsulat** notwendig. Weitere Infos unter: www.misiones.minrex. gob.cu/de/deutschland.

Information

Die staatliche **Touristeninformation Infotur** (www.infotur.cu) unterhält auf den Flughäfen und in den Touristenzentren Büros. Daneben bieten auch Reiseagenturen wie **Cubatur** (www. cubatur.cu), **Havanatur** (www.havana tur.cu), **Cubanacán** (www.cubanacan. cu) und **Ecotur** (www.ecoturcuba.tur. cu) Informationen über die staatliche

Tourismusinfrastruktur an. Das Angebot an Infomaterial ist bescheiden, Stadtpläne sind häufig vergriffen. Die praktischen **Gelben Seiten** (»Paginas Amarillas para el Turista«) können hier eingesehen werden, ebenso bei Hotels, Fluglinien, Botschaften und manchen Privatunterkünften. Sie enthalten zahlreiche Service-Telefonnummern, für Touristen relevante Informationen in Spanisch und Englisch sowie umfangreiches **Kartenmaterial**. Letzteres lässt sich auch über www.cubamappa. com herunterladen. **Handy-Apps** sollten wegen der schwierigen Versorgung mit Internet offline nutzbar sein. Für gastronomische Einrichtungen ist die App AlaMesa interessant. MAPS.ME empfiehlt sich für Offline-Navigation.

Klima und beste Reisezeit

Die Randtropenlage und die maritimen Einflüsse prägen das **Klima** Kubas. Der Westen der Insel ist generell etwas kühler, während an der Karibikküste im Osten regelmäßig die höchsten Temperaturen gemessen werden. Im Südosten kann es ganzjährig zu ausgiebigen Niederschlägen kommen.
Die beste Reisezeit ist die etwas kühlere winterliche **Trockenzeit** von November bis April, mit geringen Niederschlägen und angenehmen Tagestemperaturen zwischen 20 °C und 30 °C. Vor allem in den Gebirgen kann es jedoch im Dezember und Januar zu nächtlichen Temperaturstürzen bis zum Gefrierpunkt kommen. Der Sommer kommt trotz hoher Temperaturen und heftiger Regengüsse am Nachmittag v. a. wegen der niedrigeren Preise ebenfalls als Reisezeit in Betracht. Jedoch sollte dann von großen körperlichen Anstrengungen abgese-

hen werden. Von Juli bis Oktober treffen regelmäßig **Tropenstürme** (»ciclones«) auf Teile der Insel; auf Ankündigungen achten! Während der Sommerferien im Juli und August sind viele Strandziele fest in Händen der Kubaner.

Klimatabelle Havanna

Monat	Luft (°C) (min./max.)	Wasser (°C)	Sonne (h/Tag)	Regentage
Jan.	19/26	25	7	5
Feb.	19/26	24	7	5
März	20/27	24	9	3
April	21/29	26	9	3
Mai	22/30	27	8	6
Juni	23/31	27	8	10
Juli	24/31	28	9	7
Aug.	24/32	28	8	9
Sept.	24/31	28	8	10
Okt.	23/29	28	6	11
Nov.	21/28	27	7	6
Dez.	20/27	27	6	5

Nachtleben

Städte wie Havanna, Santiago de Cuba und Trinidad bieten in den Abend- und Nachtstunden ein erstklassiges Unterhaltungsangebot. Aber auch weniger touristische Städte haben ein allabendliches Kulturprogramm. Die Öffnungszeiten von Kulturbetrieben und Restaurants sind mit denen in Deutschland vergleichbar.

Notfall

Polizei-Notruf 106, **Polizei-Information** 18806, **Krankenwagen** 104, **Feuerwehr** 105

Öffnungszeiten

Öffnungszeiten sind in Kuba eher als grobe Richtwerte zu interpretieren. Um nicht vor verschlossenen Türen zu stehen, ist es ratsam, jeweils eine halbe Stunde zugunsten der Angestellten einzukalkulieren. Auch wenn eine Siesta in Kuba nicht üblich ist, sind um die Mittagsstunden viele Mitarbeiter nicht anwesend. Immer wieder kommt es zu vorübergehenden unangekündigten Schließungen. **Staatliche Museen** öffnen Di–Sa 9–17, So 9-12 Uhr und sind montags geschlossen.

Die Geschäftszeiten von **Behörden, Post** und **Einzelhandel** sind an Werktagen in der Regel 8.30–18 Uhr, samstags bis zum Mittag. Viele **Banken** schließen bereits um 15 Uhr.

Orientierung

Bis auf wenige Ausnahmen sind viele Städte schachbrettartig mit rechtwinkligem **Straßenraster** angelegt. Die Straßennummerierung nimmt ihren Ausgang am zentralen Platz in der historischen Mitte. Jeder Block (»cuadra«) ist im Idealfall 100 m lang und umfasst hundert Hausnummern, auch wenn die Zahl der tatsächlich dort befindlichen Häuser deutlich geringer ist. Auf der einen Straßenseite liegen die geraden, auf der anderen die ungeraden Nummern.

In größeren Städten werden häufig die von Nord nach Süd verlaufenden Straßen mit geraden Nummern bezeichnet, während die von Ost nach West verlaufenden ungerade Nummern haben. Straßen heißen **Calles** und breitere Alleen **Avenidas**.

Ein großes Problem für Ortsunkundige sind die **Straßenumbenennungen**, die nach der Revolution aus politischen Erwägungen durchgeführt wurden. Während offizielle Stellen und moderne elektronische Kartendienste auf neue Straßennamen zurückgreifen, hängen an den Hauswänden oft noch die alten Straßenschilder, und auch bei der Bevölkerung hält sich die Verwendung der alten Bezeichnungen oft hartnäckig.

Die **Adressangabe** »Calle 6 No. 233 e/ 17 y 19« bedeutet z. B. 6. Straße Nr. 233 zwischen den Calles 17 und 19. »Av. 26 esq. 15« bezeichnet die Straßenecke (»esquina«) von Avenida 26 und Calle 15. Prolongación ist die Verlängerung einer Straße zu einer Ausfallstraße. An deren Ende werden statt Hausnummern häufig Bezeichnungen wie »s/n« (sin numero) oder »final« (Ende) verwendet. »Ctra.« steht für Carretera (Landstraße), Circunvalación ist eine Umgehungsstraße.

Post

Correos de Cuba verkauft Briefmarken in beiden Landeswährungen. Manchmal haben Postkartenverkäufer auch die passenden **Briefmarken** parat (0,75 CUC nach Europa). Postkarten sollten direkt in den Postfilialen oder in größeren Hotels abgegeben werden. Der Versand von Kuba nach Mitteleuropa dauert ca. 2–3 Monate.

Rauchen und Alkohol

Rauchen und Alkoholkonsum in der Öffentlichkeit sind in Kuba nahezu uneingeschränkt akzeptiert. Nichtraucherschutz ist ein Fremdwort, und mitunter wird sogar in Geschäften, öffentlichen Einrichtungen und im Beisein von Kindern geraucht. In einfacheren Hotels ist das Rauchen in den Zimmern ebenfalls gestattet. Behörden, öffentliche Verkehrsmittel und Restaurants, in denen mit CUC bezahlt wird, gelten hingegen als rauchfrei.

Schlepper

In Kuba allgegenwärtig sind jüngere, häufig englisch sprechende aufdringliche Personen, die gezielt Kontakt zu Touristen suchen. Diese **Jineteros** treten sehr hilfsbereit auf und vermitteln alles, was der Tourist für gewöhnlich sucht. Das Angebot reicht von Restaurants oder Unterkünften über Beförderungsdienste und gefälschte Zigarren bis hin zum Anbahnen sexueller Kontakte. Die Vermittlungsprovision zahlt am Ende der Tourist, oft ohne es zu merken.

Sicherheit

Reisende sind in Kuba weitgehend sicher vor Gewalt und Verbrechen. Was Kriminalität anbelangt, ist Kuba eines der sichersten Länder der westlichen Hemisphäre. Am weitesten verbreitet sind kleine **Betrügereien** und **Diebstähle**. Die Zurschaustellung von Wertgegenständen provoziert hin und wieder auch Straßenraub. Von wichtigen Reisedokumenten sollten Kopien angefertigt und getrennt von den Originalen aufbewahrt werden. Verbrechen gegen Touristen werden relativ hart geahndet, und Zivilcourage ist in der Bevölkerung sehr ausgeprägt. Ausländern gegenüber sind Kubaner relativ positiv eingestellt. Gefahr droht Touristen eher bei der Benutzung der öffentlichen Infrastruktur. **Straßen- und Gehwegschäden** sind häufig nur dürftig oder gar nicht abgesperrt. Stromführende Kabel liegen oder hängen mitunter frei in der Gegend herum.

 Spenden

Touristen werden mitunter (v. a. in Trinidad) um Seife, Shampoo und Kugelschreiber gebeten. Das massenhafte Verschenken solcher Parallelwährungen schadet jedoch eher, wenn z. B. Kinder, anstatt die Schule zu besuchen, auf der Straße Touristen anbetteln. Wer Bedürftigen gezielt helfen möchte, sollte eine der wenigen auf Kuba tätigen NGO-Hilfsorganisationen unterstützen. Auch durch das Zahlen anständiger Trinkgelder trägt man häufig mehr zur Verbesserung der Lebensumstände bei als durch das Verteilen von Almosen.

 Sport

Angeln

Die Stauseen und Sümpfe des Inlands sind ebenso von vielen exotischen Fischen bevölkert wie das Meer rund um die Insel. Eine **Angellizenz** ist für etwa 25 CUC erhältlich. Die internationalen Jachthäfen organisieren Bootsausflüge zum Hochseeangeln (www. nauticamarlin.com).

Golf

Lediglich in Havanna und Varadero gibt es Golfplätze.

Kite-Surfing

Kilometerlange Strände und stetiger Passatwind machen die zentrale Nordküste zu einem Paradies für Kite-Surfer, die v. a. in Cayo Coco, Cayo Santa Maria und Varadero eine gute Infrastruktur vorfinden.

Klettern

Ein in Kuba bisher kaum entwickelter Sport, der sich derzeit noch in einer gesetzlichen Grauzone bewegt. Das Viñales-Tal mit seinen spektakulären Karstformationen entwickelt sich allmählich zu einer Kletterdestination. Mehr Infos unter www.cubaclimbing. com. In Las Terrazas findet sich eine Canopying-Strecke (S. 42).

Radfahren

Geführte Fahrradtouren werden u. a. von den lokalen Veranstaltern **Cubanacán** (www.cubanacan.cu) und **Ecotur** (www.ecoturcuba.tur.cu) angeboten. In einigen Städten gibt es Fahrradverleihe, jedoch agieren diese aufgrund gesetzlicher Hürden häufig versteckt. Das Angebot ist überschaubar, und oft haben die Räder keine Gangschaltung. Auf den Straßen wird wenig Rücksicht auf Radfahrer genommen. Wer auf eigene Faust unterwegs ist, sollte in jedem Fall reichlich Flickzeug und viel Geduld mitbringen.

Reiten

Einige Anbieter wie Ecotur (s. o.) bieten Reitausflüge an. Die Tiere sind jedoch oft nicht im besten Zustand.

Wandern

Kuba verfügt über sehr schöne, wenn auch häufig kurze Wanderrouten. Sie erfordern meist ein gewisses Maß an Trittsicherheit (viele Wege sind kaum ausgebaut) und körperlicher Fitness, da mitunter große Höhenunterschiede im feuchtwarmen Klima überwunden werden müssen. An vielen Orten darf nur in Begleitung eines Führers gewandert werden. Eine Spezialität in Kuba sind Höhlenwanderungen (z. B. in den Cuevas de Santo Tomas, S. 49).

Segeln

Mit seinen vorgelagerten Inseln und konstanten Winden ist Kuba ein tolles Segelrevier. M&K Yachtcharter (www.cubasailing.de) organisiert Segeltörns auf kubanischen Gewässern.

Tauchen und Schnorcheln

Mehr als **500 Tauchspots** mit großartigen Wracks machen Kuba zu einem Taucherparadies, das noch relativ wenig besucht wird. Beliebte Reviere sind die mit spektakulären Abbruchkanten und Unterwasserhöhlen gespickten Gebiete um **María La Gorda**, **Isla de la Juventud** und **Cayo Largo** an der Südküste sowie die an tropischen Fischen reichen Gewässer der **Jardines del Rey** und die nahezu unberührten **Jardines de la Reina**. Aufgrund des US-Embargos gibt es keine PADI-Zertifizierung, dafür Zertifikate von SSI, ACUC und CMAS. Zu den schönsten Schnorchelgebieten zählen María La Gorda, die Isla de la Juventud, Playa Coral bei Varadero und Playa Girón. Weitere Infos auf www.cuba-diving.de.

Wassersport

In den Touristenzentren bietet das Unternehmen Gaviota ein umfangreiramm an Wassersport von einfachen Segeltörns über Jetskifahren, Schnorchel- und Tauchtouren bis Hochseeangeln. Nähere Informationen unter www.gaviota-grupo.com/es/marinas.

 Strom und Steckdose

In der Regel liefern Steckdosen **110 V 60 Hz** nach US-amerikanischem Standard. Einige Hotels und Privathäuser verfügen über zusätzliche 220-V-Anschlüsse. Moderne Unterkünfte sind mit Universalsteckdosen ausgerüstet. Ein Adapter gehört trotzdem unbedingt ins Gepäck.

 Telefon und Internet

Sämtliche Telefonnummern in Kuba sind achtstellig. Landesweite Festnetzgespräche sind relativ günstig. Gespräche ins Ausland kosten hingegen mehr als 1 CUC pro Minute. Von **öffentlichen Fernsprechern** (bei denen nicht die Hörer gestohlen wurden) kann man über eine Aufladekarte (»tarjeta propia«) Gespräche innerhalb und außerhalb Kubas führen. Kubanische Mobilfunknummern beginnen mit einer 5 und werden generell nur an Personen mit kubanischer Staatsbürgerschaft vergeben. Die großen Anbieter auf dem deutschen Markt ermöglichen das **Roaming** im Mobilfunknetz von Cubacel, die günstigeren Prepaid-Anbieter jedoch nicht.

Private **Internetanschlüsse** sind wenig verbreitet. Computer mit Internetzugang können in den Filialen der staatlichen Telefongesellschaft ETECSA gegen Zahlung benutzt werden. Hier werden auch die sogenannten Nauta-Karten für die Einwahl ins öffentliche WLAN verkauft (1,50 CUC pro Stunde, Reisepass vorzeigen). **WLAN-Spots** finden sich oft in Parks und an zentralen Plätzen. Kubanische Internetseiten werden – falls überhaupt vorhanden – häufig aus dem Ausland betreut, und haben meist rein informativen Charakter. Direkter Kontakt lässt sich oft am einfachsten über Facebook herstellen.

Internationale Vorwahlen:

- Kuba 0053
- Deutschland 0049
- Österreich 0043
- Schweiz 0041

Toiletten

Die öffentlichen Toiletten in Kuba sind häufig in einem katastrophalen Zustand. An touristisch frequentierten Orten wie Restaurants, Museen und Raststationen übernehmen oft Privatpersonen die Reinigung der Toiletten. Sie reichen den Gästen ein Stück Papier und erwarten als Gegenleistung einen Obolus in Höhe von 10–25 ct.

Trinkgeld

In einem Land, in dem der reguläre Lohn im Allgemeinen nicht zum Leben reicht, spielt das Trinkgeld eine große Rolle, auch bei scheinbar gewöhnlichen Kundenkontakten wie an der Ladenkasse. Reisende sollten sich stets bewusst sein, dass bei einem durchschnittlichen Monatslohn von umgerechnet 30 CUC manch einer hauptsächlich wegen der Aussicht auf Trinkgeld zur Arbeit erscheint. Mit der Treue gegenüber dem Arbeitgeber nehmen es viele Angestellte nicht so genau. In vielen Fällen ist es daher für Touristen günstiger, ein großzügiges Trinkgeld zu zahlen, anstatt eine exakt aufgeschlüsselte Rechnung zu verlangen. Trinkgelder orientieren sich trotz der geringen Löhne an europäischen Maßstäben und sollten in CUC gezahlt werden. Wenn ein Tourist zu wenig oder gar kein Trinkgeld gibt, bekommt er die Konsequenzen häufig sehr direkt zu spüren und wird schlichtweg ignoriert. Es ist in Kuba ein offenes Geheimnis, dass kanadische und US-amerikanische Touristen aufgrund der großzügigen Trinkgeldkultur bevorzugt behandelt werden. Die Grenzen zwischen »großem Trinkgeld« und »kleiner Bestechung« sind fließend. Bei der Übergabe ist Fingerspitzengefühl gefragt, da Trinkgeld meist nicht unter Kollegen geteilt wird.

Umgangsformen

In öffentlichen Einrichtungen wie Behörden, Banken und Krankenhäusern und z.T. auch in Hotelrestaurants gilt ein **Dresscode**. Männer in kurzen Hosen sowie Frauen in Badebekleidung sind ebenso tabu wie Badeschlappen. **FKK-Baden** ist zwar nicht gesetzlich reglementiert, gilt in Kuba jedoch als anstößig und wird nur an den Stränden abgelegener Resorts (z. B. Cayo Largo) einigermaßen locker gesehen. Beim Umgang mit den Einheimischen kommen Fremde mit Offenheit häufig weiter als mit einem reservierten Auftreten. Es ist auch nicht sinnvoll, Kubaner mit Fundamentalkritik oder permanenten Beschwerden zu dem gewünschten Verhalten zu bewegen. Stattdessen ist es ratsam, von Maximalforderungen abzurücken.

Auch in etwaigen Konfliktsituationen sollte ein Höchstmaß an Freundlichkeit gewahrt werden.

Unterkunft und Hotels

Sämtliche **Hotels**, egal welcher internationalen Kette sie angehören, werden unter Aufsicht des Staates geführt. Die Preise sind angesichts der gebotenen Qualität im internationalen Vergleich überteuert. Selbst die besten Hotels des Landes weisen nicht selten Mängel auf. Trotz Reservierung kommt es gerade bei Gruppen immer wieder zu Überbuchungen. Hotels mit gehobenem Standard sind auf Reisegruppen und Pauschaltouristen ausgerichtet und für Individualreisende wenig interessant. Die günstigsten Preise und Angebote gibt es im Internet.

Nicht nur für Individualreisende die empfehlenswerteste Form der Unterbringung sind **Casas Particulares**, Privatunterkünfte, die überall im Land zahlreich zu finden sind. Zu erkennen sind sie an den blauen Schildern mit der Aufschrift »Arrendador Divisa«. Die Preisspanne rangiert zwischen ca. 20 und 50 CUC. Die Ausstattung reicht von einem nicht abschließbaren Zimmer ohne Privatbad bei einer Gastfamilie bis hin zu kleinen Kolonialpalästen mit Pool. Die Vermieter sind gesetzlich dazu verpflichtet, die persönlichen Daten der Gäste zu dokumentieren. Vor der Reise lassen sich Angebote über Internetportale wie www.cubacasas.net oder www.casa particular.com einsehen. Reservierungen werden per E-Mail oder telefonisch getätigt. Viele Privatunterkünfte werden mittlerweile auch über Airbnb (www.airbnb.com) angeboten.

Jugendherbergen und **Campingplätze** sind vorhanden, werden jedoch wegen ihres geringen Komforts kaum von Touristen genutzt. Ausführliche Informationen zum Übernachtungsangebot in den Regionen mit Preiskategorien finden Sie am Ende jedes Kapitels dieses Buches (S. 39, 55, 84, 106, 120).

Verkehrsmittel im Land

Bus und Bahn

Die Nutzung des Anbieters **Omnibus Nacionales** (ASTRO) ist nur Kubanern vorbehalten. Ausländische Touristen fahren mit **VIAZUL** (www.viazul.com), dessen Überlandbusse zuverlässig die verschiedenen Landesteile miteinander verbinden. Reisende sollten sich

jedoch auf Verspätungen und extrem kühle Klimaanlagen einstellen. In den Touristenzentren verkehren **Touristenbusse**, meist offene rote Doppeldeckerbusse, die regelmäßig die Sehenswürdigkeiten anfahren. Für 3–10 CUC kann man sie ganztägig nutzen und beliebig oft aus- und zusteigen.

Die **Bahn** in Kuba ist nur für Reisende mit viel Zeit und Geduld eine Alternative zum Straßenverkehr. Teilweise kommt es wegen Reparaturen auf der Strecke zu tagelangen Verspätungen.

Fahrrad

Kuba lässt sich dank geringem Verkehrsaufkommen und vielen asphaltierten Straßen sehr gut per Fahrrad erkunden. Auf Landstraßen und Autobahnen gibt es einen etwa 1 m breiten Bereich am Fahrbahnrand, auf dem das Fahrradfahren erlaubt ist. Für etwa 3 CUC lässt sich in Touristenzentren ein Fahrrad für eine Stunde bzw. für 10–15 CUC für einen ganzen Tag mieten. Die »parqueos« beaufsichtigen auch Fahrräder gegen Zahlung von ca. 1 CUC. Im Fall von Pannen helfen zahlreiche günstige Reparaturwerkstätten.

Flugzeug

Cubana de Aviación bietet Inlandsflüge zwischen den größeren kubanischen Flughäfen an. Was die Sicherheitsstandards angeht, hat die Airline keinen guten Ruf.

Mietwagen

Ein Mietwagen lohnt sich v.a. für Reisende, die verlässlich und flexibel ein straffes Programm in kurzer Zeit bewältigen wollen. Vorteile sind die relativ guten Sicherheitsstandards und ein hohes Maß an Individualität. Die Nachteile sind hohe Kosten, Stress im unübersichtlichen Verkehr und verbreitete Abzocke: Häufig sind Reifen bei der **Übergabe** des Fahrzeugs stark abgenutzt und werden zu horrenden Preisen erneuert, der Tank ist nicht wie vereinbart gefüllt und die Sicherheitsausstattung unvollständig. Eine penible Dokumentation des Zustands bei Übergabe und eine private **Haftpflichtversicherung** helfen, unangenehme Zahlungen zu beschränken. Bei den Fahrzeugen handelt es sich hauptsächlich um Klein- und Mittelklassewagen asiatischer Bauart. **Reservierungen** sollten rechtzeitig per Internet getätigt werden (z. B. über www.kuba-mietwagen.de), da vor Ort oft nur Autos zu überhöhten Preisen verfügbar sind. Die international operierenden **Mietwagenunternehmen** sind auf Kuba nicht vertreten, stattdessen beherrschen staatliche Anbieter wie Cubacar, Havanautos, Rex und VIA Renta a Car den Markt. **Voraussetzung** für die Anmietung ist ein Mindestalter von 21 Jahren, ein nationaler Führerschein mit einer Mindestgültigkeitsdauer von einem Jahr sowie eine Mindestleihdauer von drei Tagen.

Motorrad und Motorroller

Während die Vermietung von Motorrollern in Kuba relativ verbreitet ist (die Fahrzeuge jedoch nicht für längere Touren verwendet werden dürfen), ist der Verleih von Motorrädern noch eine Ausnahme. Die Firma **TropikVedeta** (www.tropikvedeta.com) ist spezialisiert auf Tages- und Rundreisen mit Motorrädern inkl. Unterkunft, Bus, Führer und Mechaniker. Weitere Anbieter sind **La Poderosa** (www.lapoderosatours.com), betrieben vom jüngsten Sohn Che Guevaras, und **Edelweiss Bike Travel** (www.edelweissbike.com).

Taxi

In Kuba nicht unüblich ist die Anmietung eines **Privatfahrzeugs mit Fahrer**. Während die Preise für innerstädtische Kurzstrecken besonders abends und nachts hoch sind, sind die Kosten für längere Überlandverbindungen relativ günstig. Außerdem spart man sich bei dieser Art zu reisen die ständige Auseinandersetzung mit dem chaotischen Verkehrsgeschehen und kann umso entspannter die Landschaft genießen. Das Risiko liegt beim Besitzer des Fahrzeugs, und die Kosten sind kaum höher als für einen Mietwagen. Nachteile sind die mangelnde Privatsphäre und mögliche Abzocke mit Kommissionen bei Restaurants, Eintritt und Unterkünften. Mitunter gleichen kundige Fahrer dies jedoch mit vielen Insidertipps wieder aus.

Zeitverschiebung

Der Unterschied zur MEZ beträgt **minus sechs Stunden**. Die Sommerzeit beginnt in Kuba allerdings schon Anfang März, sodass der Zeitunterschied dann bis Ende März nur fünf Stunden beträgt.

Zollbestimmungen

Die Einfuhr von elektronischen Geräten und Kosmetik für den privaten Gebrauch ist für Touristen zollfrei. Genaue Informationen dazu bekommen Sie unter www.cubainfo.de und www.aduana.gob.cu.

In die EU dürfen 20 Zigarren ohne bzw. 50 mit Verkaufsnachweis sowie ein Liter Schnaps zollfrei eingeführt werden. Informationen zur Einfuhr in die Schweiz gibt es unter www.ch.ch/de/einfuhr-waren-schweiz.

Die Geschichte Kubas

3500 v.Chr. Erste Besiedlung durch Einwanderer aus dem Orinoko-Gebiet.

27. Okt. 1492 Kolumbus landet während seiner ersten Amerikafahrt an der Nordküste Kubas.

1511 Mit der Gründung von Baracoa setzt die Kolonisierung Kubas durch die Spanier ein.

1564 Im spanischen Kolonialreich schrumpft Kubas Bedeutung auf die eines Flottenstützpunkts an der Silberroute.

1762 Die Briten nehmen Havanna ein. Die Öffnung des Hafens für Schiffe anderer Nationen setzt eine große wirtschaftliche Dynamik frei.

1791 Ein Sklavenaufstand auf der Nachbarinsel Haiti treibt massenhaft Einwanderer ins Land, die zu einer Belebung der Wirtschaft beitragen.

1837 Bau der ersten Eisenbahnstrecke in Lateinamerika.

10. Okt. 1868 Beginn des zehn Jahre währenden ersten Unabhängigkeitskriegs gegen die Spanier.

1880/86 Nach Abschaffung der Sklaverei kommen immer mehr asiatische Kontraktarbeiter ins Land. 1895 beginnt der zweite Unabhängigkeitskrieg unter Führung von José Martí.

1898 Nach dem Sieg im Spanisch-Amerikanischen Krieg besetzen US-Truppen Kuba.

1902 Mit der Unabhängigkeit wird Kuba zu einer Pseudorepublik der USA.

1952–1958 Unter der Diktatur von Fulgencio Batista kommt es zum Ausverkauf Kubas an ausländisches Kapital.

26. Juli 1953 Mit dem Sturm auf die Moncada-Kaserne in Santiago de Cuba unter Führung von Fidel Castro beginnt die Kubanische Revolution.

2. Dez. 1956 Landung der Jacht »Granma« in Kuba mit 82 Revolutionären und Fidel Castro an Bord. Beginn der Kampfhandlungen in der Sierra Maestra.

1. Jan. 1959 Nach dem Sieg von Che Guevara über die Regierungstruppen in Santa Clara verkündet Fidel Castro den Sieg der Revolution.

1962 Die USA verhängen ein wirtschaftliches und politisches Embargo gegen Kuba. Die Kubakrise führt die beiden Supermächte an den Rand eines Nuklearkriegs.

1989–1997 »El Periodo Especial« lähmt Wirtschaft und Gesellschaft und führt zur Verarmung der Bevölkerung.

2006 Die Übergabe der Amtsgeschäfte von Fidel Castro an seinen jüngeren Bruder Raúl leitet wirtschaftliche, aber keine politischen Reformen ein.

2019 Die Kubaner stimmen einer Verfassungsreform zu. Darin festgeschrieben ist eine leichte wirtschaftliche Öffnung des Landes.

Historischer Besuch: Der damalige US-Präsident Obama trifft 2016 Raúl Castro in Havanna

Spanisch für die Reise

Das Wichtigste in Kürze

Ja/Nein	*sí/no*
Bitte/Danke	*por favor/gracias*
Hallo!/Auf Wiedersehen!	*¡Hola!/¡Adiós!*
Guten Morgen!	*¡Buenos días!*
Guten Abend!/Gute Nacht!	*¡Buenas tardes!/¡Buenas noches!*
Mein Name ist …	*Me llamo …*
Entschuldigung!	*¡Perdón!*
Achtung!/Vorsicht!	*¡Atención!/¡Cuidado!*
Ich verstehe Sie nicht.	*No les entiendo.*
Wie viel kostet das?	*¿Cuánto cuesta?*
Damen/Herren	*Señoras/Señores*
geöffnet/geschlossen	*abierto/cerrado*
gestern/heute/morgen	*ayer/hoy/mañana*
Wie viel Uhr ist es?	*¿Qué hora es?*
Wo ist …?	*¿Dónde está …?*
Wie weit ist das?	*¿A qué distancia está?*
Ist das der Weg nach …?	*¿Es éste el camino a …?*
Nord/Süd/West/Ost	*norte/sur/oeste/este*
Ich möchte …	*Quisiera …*
Die Rechnung, bitte!	*¡La cuenta, por favor!*
Restaurant	*restaurante*
Auto	*coche*
Tankstelle	*gasolinera*
Super/bleifrei/Diesel	*gasolina súper/gasolina sin plomo/diésel*
Panne	*avería*
Hilfe!	*¡Ayuda!/¡Socorro!*
Fahrrad	*bicicleta*
Busstation	*estación autobuses*
Flughafen	*aeropuerto*
Pass/Personalausweis	*Pasaporte/Documento Nacional de Identidad (D.N.I.)*
Bank/Geldautomat	*banco/cajero automático*
Arzt	*médico*
Apotheke	*farmacia*
Lebensmittelgeschäft	*tienda*
Tourismusbüro	*oficina de turismo*

Wochentage

Montag/Dienstag	*lunes/martes*
Mittwoch	*miércoles*
Donnerstag	*jueves*
Freitag/Samstag	*viernes/sábado*
Sonntag	*domingo*

Monate

Januar/Februar	*enero/febrero*
März/April	*marzo/abril*
Mai/Juni	*mayo/junio*
Juli/August	*julio/agosto*
September	*septiembre*
Oktober	*octubre*
November	*noviembre*
Dezember	*diciembre*

Zahlen

1	*uno*	8	*ocho*
2	*dos*	9	*nueve*
3	*tres*	10	*diez*
4	*cuatro*	11	*once*
5	*cinco*	12	*doce*
6	*seis*	100	*cien, ciento*
7	*siete*	1000	*mil*

Hinweise zur Aussprache

c	vor ›a, o, u‹ wie ›k‹, Bsp.: casa, caja
c	vor ›e‹ und ›i‹ ähnlich dem englischen ›th‹, Bsp.: gracias
ch	wie ›tsch‹, Bsp.: leche
g	vor ›e‹ und ›i‹ wie ›ch‹, Bsp.: gente
gue, gui	wie ›ge, gi‹, also mit stummem ›u‹, Bsp.: guitarra, guiso
h	ist immer stumm, Bsp.: hombre
j	wie ›ch‹, Bsp.: jamón
ll	wie ›lj‹, Bsp.: tortilla
ñ	wie ›nj‹, Bsp.: niño

Alle Blickpunkt-Themen in diesem Band:

Register

Impressum

Herausgeber: GRÄFE UND UNZER VERLAG GmbH, Postfach 86 03 66, 81630 München
Leitender Redakteur: Benjamin Happel
Autor: Erik Stolze
Verlagsredaktion: Gernot Schnedlitz (verantw.), Larissa Köpp, Silke Tauscher, Nadia Terbrack
Redaktion und Satz: Oliver Kiesow, Anja Linda Dicke, www.bintang-berlin.de
Bildredaktion: Dr. Nafsika Mylona
Schlusskorrektur: Jessika Zollickhofer
Reihengestaltung: Eva Stadler
Kartografie: Kunth Verlag GmbH & Co. KG, München
Herstellung: Mendy Willerich
Druck: Drukarnia Dimograf Sp z o.o. (Polen)

Ansprechpartner für den Anzeigenverkauf:
KV Kommunalverlag GmbH & Co. KG, MediaCenter München, Tel. 089/928 09 60

Ein Unternehmen der
GANSKE VERLAGSGRUPPE

ISBN 978-3-95689-479-4
1. Auflage 2019

© **2019 GRÄFE UND UNZER VERLAG GmbH, München**
ADAC Reiseführer Markenlizenz der ADAC Medien und Reise GmbH, München

Leserservice
adac@graefe-und-unzer.de
Tel. 00800/72 37 33 33 (gebührenfrei in D, A, CH)
Mo–Do 9–17 Uhr, Fr 9–16 Uhr

Bei Interesse an maßgeschneiderten B2B-Produkten:
gabriella.hoffmann@graefe-und-unzer.de

Unterwegs in Kuba

Busse

Die in beliebten Touristenzentren verkehrenden Doppeldeckerbusse mit offenem Oberdeck sind dank ihrer Tarife und Routenführung ein ideales Fortbewegungsmittel für Urlauber. Den Fernverkehr mit Touristenbussen erledigt VIAZUL.

■ Details auf S. 134

Oldtimer

Nur die wenigsten der geschätzt knapp 50 000 durch Kuba rollenden US-Straßenkreuzer sind edel restaurierte Pink Cadillacs. Das Gros hält als Rückgrat der Sammeltaxiflotten den öffentlichen Nah- und Fernverkehr am Laufen. Einige Anbieter organisieren mehrtägige geführte Rundfahrten im Oldtimer.

■ www.cubatrotter.com

Motorrad

Die tropischen Gefilde der größten Karibikinsel lassen sich im Rahmen

einer geführten Tour auf dem Motorrad erkunden. Ein Tourenanbieter wird vom jüngsten Sohn von Che Guevara geführt.

■ www.lapoderosa.com

Fahrrad

Weite Ebenen, sanfte Hügel und ein gut ausgebautes Straßennetz, auf dem kaum motorisierter Verkehr unterwegs ist – Kuba ist ein Paradies für Radfahrer. Im Land, wo die individuelle Motorisierung nie zu einem Massenphänomen wurde, sind Fahrräder das Fortbewegungsmittel der einfachen Bevölkerung.

■ Details auf S. 134

Kutsche

Pferdegespanne bestimmen die Stadtbilder einiger Städte wie Bayamo (S.101). Sie funktionieren nach den Prinzipien der Sammeltaxis, die zu einem Festpreis eine bestimmte Route abfahren.

Gut informiert.

Besser reisen.

Lust auf einen Kurztrip? Die kompakten ADAC Reiseführer sind die perfekten Reisebegleiter für eine spontane Auszeit.

- **Kompetent:** zuverlässige Informationen und bewährte ADAC Tipps
- **Praktisch:** mit dem ADAC Quickfinder direkt zu den Highlights
- **Übersichtlich:** kinderleichte Orientierung dank klarer Symbolik

Unschlagbar gut. Unschlagbar günstig.